테너 색소폰 어드벤쳐

Lesson Book 1

by Ned Bennett 초급용

본 교재 수록곡에는 화음기호가 표기되어 있습니다.

이 화음기호에 따라 기타나 피아노로
반주를 할 수 있습니다.

KB232349

music tree

Foreword

세계적인 스테디셀러 《A New Tune a Day》의 한국어판 《어드벤쳐 시리즈》 전권을 출간하게 된 것을 기쁘게 생각합니다.

최고의 전문가들이 참여하여 '가장 쉽게 시작하면서도, 정확하게 배울 수 있는 교수법'을 다년간 연구하였습니다. 이 교수법을 바탕으로 바이올린, 플루트, 기타 등 15개의 악기, 총 28권의 교재가 개발되었으며, 음대 교수님들과 오케스트라 음악감독 등 권위자의 감수를 통해 우수성을 검증받았습니다.

본 시리즈는 악기를 중간에 포기하는 일이 없도록 누구나 좋아하는 노래, 클래식, 재즈, 크리스마스 캐롤 등 친근한 레퍼토리를 통해 테크닉과 음악성을 동시에 길러주며, 세심하게 구성된 진도와 CD가 실력을 빠르게 쌓을 수 있도록 이끌어줄 것입니다. 각 악기별로 공통된 연주곡도 담겨있어 학교 앙상블 수업이나 동호회 연주회에도 효과적입니다. 바이올린 교재는 첼로, 비올라 교재와, 클라리넷은 색소폰과, 일렉 기타는 베이스 기타, 드럼 교재와 함께 사용할 수 있습니다.

《어드벤쳐 시리즈》로 평생 즐길 수 있는 나만의 악기를 찾고, 음악을 통해 새롭게 펼쳐질 풍요로운 삶을 누리시기 바랍니다.

한국어판 감수를 도와주신 서울대학교 최경환, 김재윤 교수님, 한국예술종합학교 오광호, 이강호, 이성우, 이성주, 이철웅 교수님을 비롯하여 원무연, 이하재, 조장휘, 진우경 교수님께 감사 드립니다.

🎼 《어드벤쳐 시리즈》만의 장점

- 교수법을 바탕으로 한 체계적인 진도
- 기초 음악이론과 클리닉을 위한 중간 테스트
- 관련 장비, 자세, 테크닉에 대한 친절한 설명
- 누구나 쉽게 배우는 운지법 차트

- 클래식, 재즈, 팝송 등 연주효과 탁월한 레퍼토리
- 각 레슨마다 학습목표 제시
- 자세와 운지법을 익힐 수 있는 사진과 그림
- 시범연주와 반주가 수록된 CD로 탁월한 연습효과

🎼 어드벤쳐 시리즈 구성

	악기 종류별 레슨 교재	병행 교재			악기 종류별 레슨 교재	병행 교재	
관악기	플루트 어드벤쳐 레슨 1, 2	연주곡집	스케일 & 아르페지오 교재	**현악기**	바이올린 어드벤쳐 레슨 1	연주곡집	스케일 & 아르페지오 교재
	클라리넷 어드벤쳐 레슨 1, 2	연주곡집			첼로 어드벤쳐 레슨 1	연주곡집	
	트럼펫 어드벤쳐 레슨 1	연주곡집			비올라 어드벤쳐 레슨 1	연주곡집	
	트롬본 어드벤쳐 레슨 1	연주곡집		**기타**	클래식 기타 어드벤쳐 레슨 1	연주곡집	
	알토 색소폰 어드벤쳐 레슨 1, 2	연주곡집			어쿠스틱 기타 어드벤쳐 레슨 1	연주곡집	
	테너 색소폰 어드벤쳐 레슨 1	연주곡집			일렉 기타 어드벤쳐 레슨 1	연주곡집	
타악기	드럼 어드벤쳐 레슨 1	연주곡집			베이스 기타 어드벤쳐 레슨 1	연주곡집	
건반악기	피아노 어드벤쳐 레슨 1	연주곡집					

《병행교재》

- **연주곡집:** 레슨 교재 1권 중반부터 병행교재로 함께 배우거나 독주, 앙상블 레퍼토리로 활용하면 좋습니다.
- **스케일&아르페지오 교재:** 모든 악기에 사용할 수 있는 스케일&아르페지오 교재에는 전통 클래식 음악에 사용되는 장음계와 단음계 외에도 록과 재즈 연주에 도움이 되는 블루스, 펜타토닉, 디미니쉬 스케일 등이 수록되어 있어 탄탄한 테크닉을 길러줍니다.

Contents

A New Tune *A* Day

This book © Copyright 2006 Boston Music Company,
a division of Music Sales Limited

Edited by David Harrison
Music processed by Paul Ewers Music Design
Original compositions and arrangements by Ned Bennett
Cover and book designed by Chloë Alexander
Photography by Matthew Ward
Model: Joe Ruddleston
Backing tracks by Guy Dagul
CD performance by Olly Wilby
CD recorded, mixed and mastered by Jonas Persson and John Rose
www.musicsales.com

이책의 한국어판 저작권은 Music Sales Limited와의
독점 계약으로 **music** tree 에 있습니다.

저작권법에 의해 한국 내에서 보호받는 저작물이므로 무단 전재와 복제 또는
연주 녹음을 금합니다.

음악의 첫걸음

보표

줄이 다섯 개라서 오선보라고도 합니다.
음표는 5개의 선 위에 그립니다. 모든 보표에는 악기의 음역을 나타내는 음자리표가 있습니다.

높은음자리표: 주로 선율 악기에 사용

보표에는 마디를 나누는 세로줄이 있습니다.
각 마디의 길이는 동일합니다.

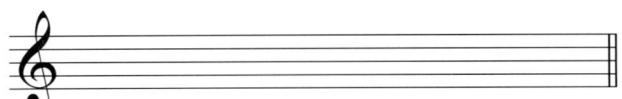

음표와 쉼표의 길이

음표의 길이는 다양한 모양으로 나타냅니다. 음표와 길이가 같은 쉼표도 있습니다.
음표와 쉼표의 이름은 온음표를 몇 개로 나눌 수 있는지를 의미합니다.
온음표를 4로 나누면 4분음표, 8로 나누면 8분음표라고 합니다.

8분음표(반 박) = 8분쉼표(반 박)

4분음표(1박) = 4분쉼표(1박)

2분음표(2박) = 2분쉼표(2박)

온음표(4박) = 온쉼표(4박)

그 외의 음길이

음표 오른쪽에 점을 찍으면 원래 길이의 절반만큼 음표의 길이가 길어집니다.
예를 들어 점2분음표 하나의 길이는 2분음표와 4분음표를 더한 길이와 같습니다.

8분음표 묶기

둘 이상의 8분음표가 연달아 나올 경우 꼬리를
이렇게 연결할 수 있습니다.

박자표

박자표는 음자리표 옆에 그립니다. 위의 숫자는 한 마디 안에 몇 개의 박이 들어가는지 알려주고, 아래의 숫자는 기준이 되는 음표를 나타냅니다.

C(커먼타임): $\frac{4}{4}$를 나타내는 또 다른 기호입니다. $\frac{6}{8}$은 한 마디 안에 8분음표 6개

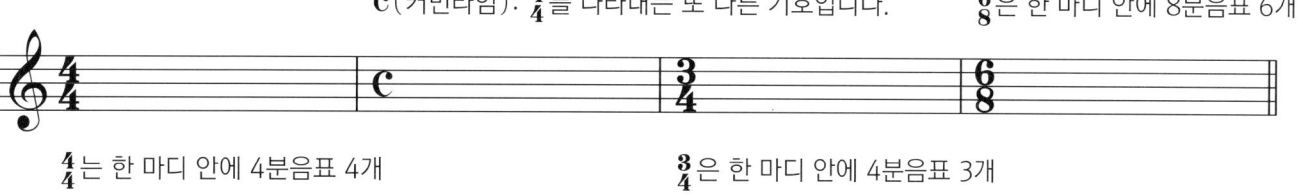

$\frac{4}{4}$는 한 마디 안에 4분음표 4개 $\frac{3}{4}$은 한 마디 안에 4분음표 3개

음이름

음이름은 알파벳의 첫 일곱 글자에서 가져온 것입니다. 음은 음높이에 따라 보표의 줄이나 칸 위에 그립니다.

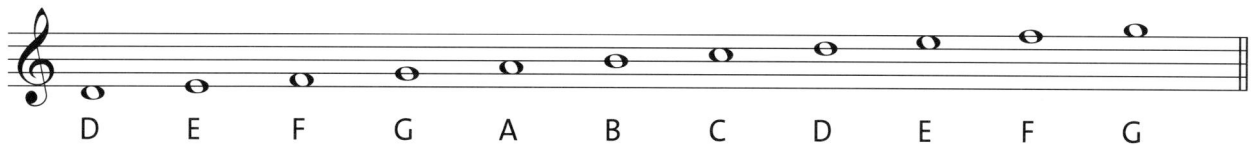

D   E   F   G   A   B   C   D   E   F   G

임시표

샵(올림표)이나 플랫(내림표) 같은 임시표 기호를 사용하면 음높이를 반음 내리거나 올릴 수 있습니다.

샵(♯)은 음높이를 반음 올립니다.   제자리표(♮, natural)는 원래의 음높이로 돌아가라는 기호입니다.

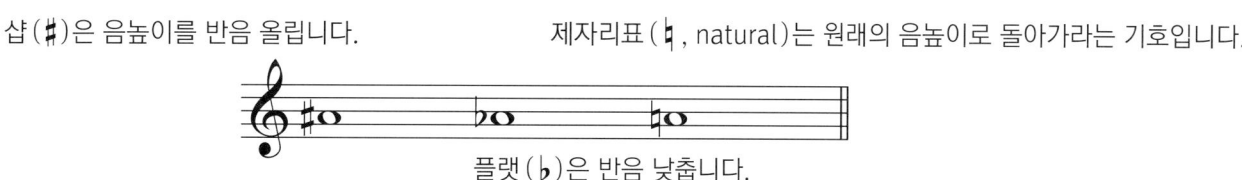

플랫(♭)은 반음 낮춥니다.

덧줄

보표 밖의 음은 덧줄을 그려 표시합니다.

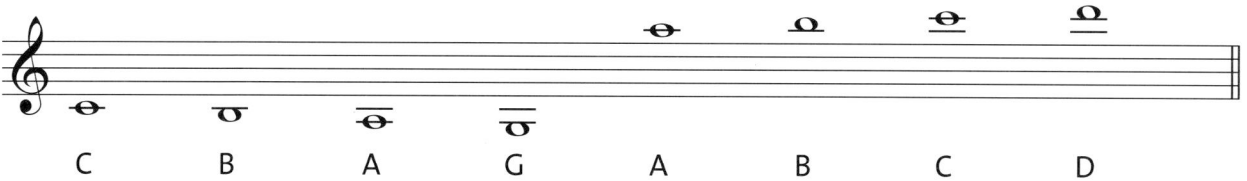

C   B   A   G   A   B   C   D

세로줄

여러 가지 종류의 세로줄 :

겹세로줄은 음악의 한 부분이 끝났다는 표시입니다.   끝세로줄은 한 곡이 끝났다는 의미입니다.

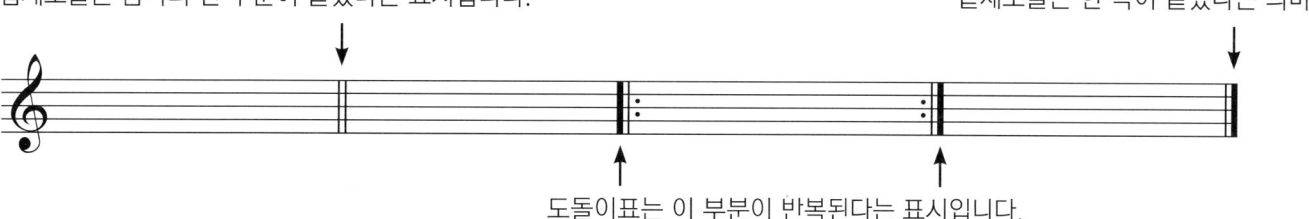

도돌이표는 이 부분이 반복된다는 표시입니다.

연주에 앞서

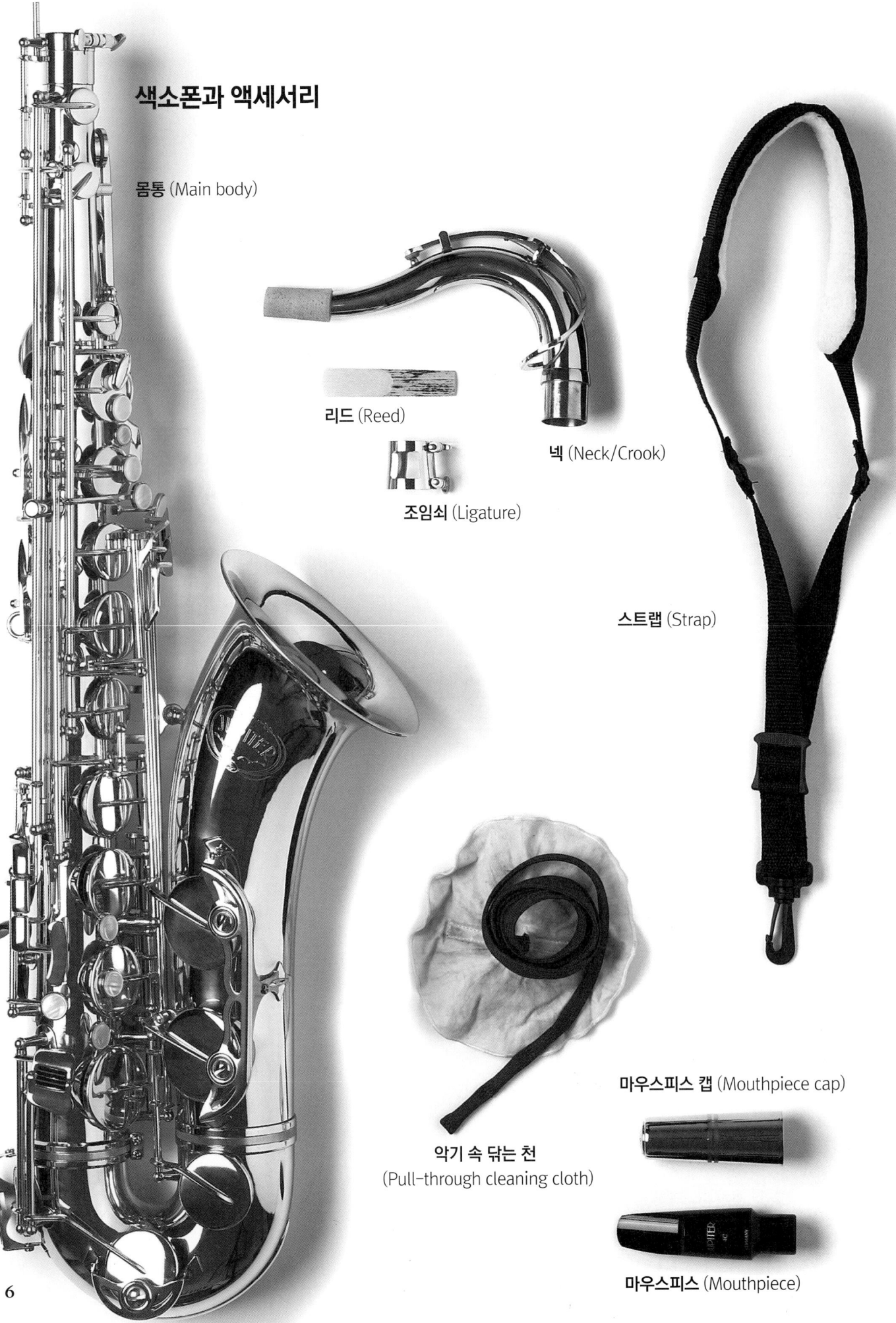

색소폰과 액세서리

몸통 (Main body)

리드 (Reed)

넥 (Neck/Crook)

조임쇠 (Ligature)

스트랩 (Strap)

악기 속 닦는 천
(Pull-through cleaning cloth)

마우스피스 캡 (Mouthpiece cap)

마우스피스 (Mouthpiece)

조립하기

1. 깨끗하고 손상되지 않은 리드를 고르세요(리드는 매우 약하기 때문에 손상되지 않도록 주의해야 합니다). 리드를 혀 위에 두고 입을 다문 다음 침으로 리드를 적셔주세요.

2. 리드를 적시는 동안 넥을 몸통에 끼우세요. 넥이 빠지지 않도록 단단히 넥 조임쇠를 조이세요. 악기를 들 때 절대로 넥을 잡고 들면 안 됩니다. 넥 조임쇠를 제대로 조이지 않았을 경우에 넥과 몸통이 분리되어 악기를 떨어뜨릴 수 있기 때문입니다.

3. 조임쇠를 사용해 리드를 마우스피스에 끼웁니다. 리드와 마우스피스의 끝이 정확히 일치해야 합니다. 리드가 마우스피스 밖으로 삐져나오거나 안으로 너무 들어가지 않아야 합니다.

4. 마우스피스를 넥 끝의 코르크에 비틀어 끼우세요. 색소폰을 입에 댔을 때 마우스피스가 비뚤어지지 않아야 합니다. 리드가 위치에서 벗어나지 않도록 조심하세요.

5. 스트랩을 목에 걸고 색소폰 뒤쪽에 있는 고리에 스트랩을 거세요.

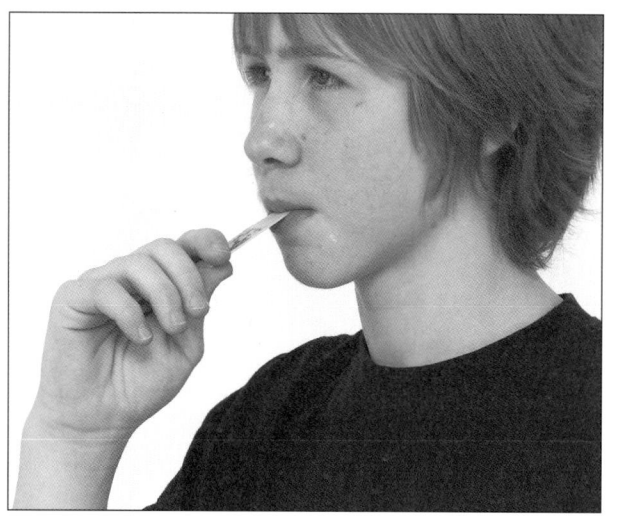

Tip

리드가 손상되지 않았는지, 리드를 충분히 적셨는지 연주하기 전에 항상 확인하세요.

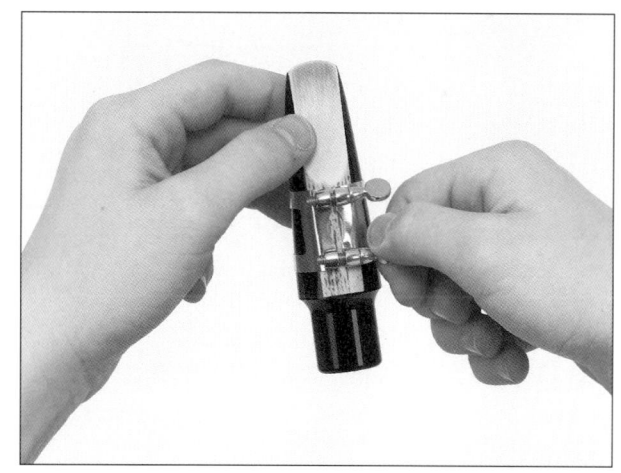

조임쇠로 리드를 단단히 고정시켜야 합니다. 연주를 마친 다음에는 리드를 분리해 깨끗이 닦은 다음에 다시 마우스피스에 끼웁니다.

마우스피스의 위치에 따라 악기의 음정이 달라집니다. 마우스피스를 조금 빼면 음정이 내려가고, 조금 밀어 넣으면 음정이 올라갑니다.

주의!

연주하고 난 뒤에는 항상 악기 속 닦는 천으로 악기를 깨끗이 닦으세요. 코르크에 금이 가지 않도록 한번씩 코르크에 그리스를 발라 주세요.

Lesson 1

goals:

1. 복식호흡: 횡격막으로 호흡하기
2. 연주자세
3. 입모양
4. 텅잉
5. B음, A음, G음
6. 온음표, 2분음표, 4분음표

Tip

자세가 편안하고 안정되어 있으면 호흡도 편안하고 정확하게 할 수 있습니다.

호흡

색소폰을 연주할 때는 횡격막을 사용하여 호흡합니다. 횡격막은 흉곽 아래에 있는 큰 근육 입니다. 횡격막으로 호흡을 하면 숨을 들이마실 때는 배가 나오고 내쉴 때는 배가 들어갑니다.

가슴으로 숨 쉬는 것보다 배로 숨 쉬는 것이 호흡을 조절하기에 훨씬 좋습니다.

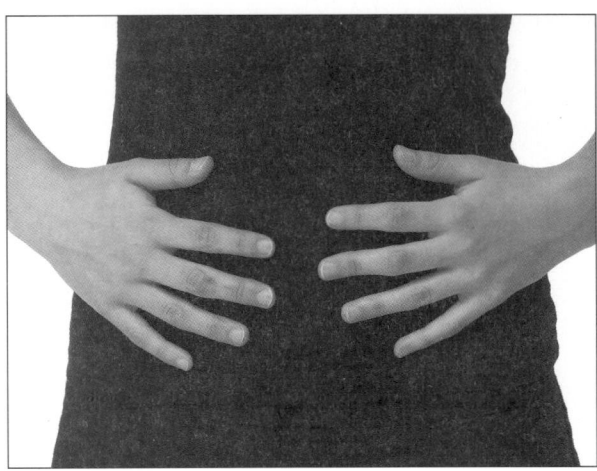

연습 1.

숨을 들이마시며 4박을 세어보세요. 그런 다음 숨을 내쉬며 다시 4박을 셉니다. 횡격막으로 호흡하면서 들이마시고 내쉬는 공기의 양을 일정하게 유지하세요.

마시고, 2, 3, 4, 내쉬고, 2, 3, 4, 마시고, 2, 3, 4

숨을 쉴 때 한 손을 배에 대고 배가 나오고 들어가는지 확인해보세요.

연주자세

스트랩을 목에 건 후 색소폰 뒤쪽에 있는 고리에 거세요.

다리를 조금 벌리고 허리를 세우고 편안하게 서서 연주합니다.

악기 위쪽에 있는 엄지 버튼에 왼손 엄지를 두고, 오른손 엄지는 엄지 받침대에 둡니다.

양손의 나머지 손가락들은 둥글게 말아 악기 앞쪽에 둡니다. 이때 손으로 악기 옆면에 있는 키들을 누르지 않도록 합니다.

오른쪽 다리로 악기 밑을 받치세요.

고개를 숙이거나 젖히지 않고 마우스피스를 입에 물 수 있도록 스트랩의 길이를 조절하세요.

허리를 곧게 펴고 고개는 정면을 바라보아야 합니다.

입모양 (Embouchure)

윗니로 아랫입술 중앙을 무는 것처럼 해서 알파벳 'f' 발음을 여러 번 해보세요.

마우스피스를 입에 대고 리드가 아랫입술의 중앙에 오도록 합니다. 마우스피스가 약 1cm정도 입 안으로 들어가야 합니다.

윗니를 마우스피스 위쪽에 두고 바람이 밖으로 새지 않도록 입을 다뭅니다.

Tip

마우스피스를 입에 물었을 때는 공기가 통하지 않게 입술을 단단히 다물어야 합니다.

연습 2.

윗니와 아랫입술 사이에 마우스피스를 두고 입을 조금 벌려 숨을 들이마십니다. 1, 2, 3, 4를 세며 4박 동안 숨을 마신 뒤에, 공기가 통하지 않도록 입을 다물고 다시 1, 2, 3, 4를 세며 악기를 불어보세요. 연주를 할 때 볼이 볼록해지지 않아야합니다.

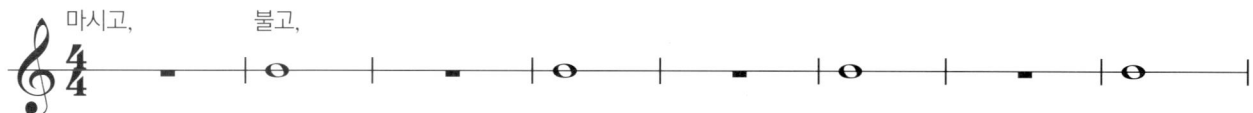

마시고,   불고,

- 음을 낼 수 있었나요? 그렇다면 잘했습니다!
- 바람소리만 들렸다면, 입을 조금 더 단단히 다물어 보세요. 그렇다고 마우스피스를 세게 물면 안 됩니다.
- 악기로 바람이 잘 들어가지 않나요? 리드와 마우스피스 사이의 공간이 눌려있기 때문일 수 있습니다. 힘을 조금 풀고 다시 불어보세요.
- 삐익– 하는 이상한 소리가 들렸다면, 아랫니가 리드에 닿은 것일 수 있습니다. 리드는 아랫니가 아닌 아랫입술 위에 두어야 합니다.

텅잉

'투–' 하고 말해보세요. 혀로 바람을 막고 있다가 '투–' 라고 말하며 악기를 부는 것이 텅잉입니다.
텅잉은 또렷한 소리를 낼 수 있도록 해줍니다.
리드 아래쪽에 혀를 대세요. 혀끝과 리드 끝이 약 1cm 정도 닿아있어야 합니다.
숨을 들이마시고, 리드에서 혀를 떼며 '투–'하고 말해보세요. 또렷한 소리가 났나요?

연습 3.

천천히 박을 세면서 각 음에 텅잉을 하세요.

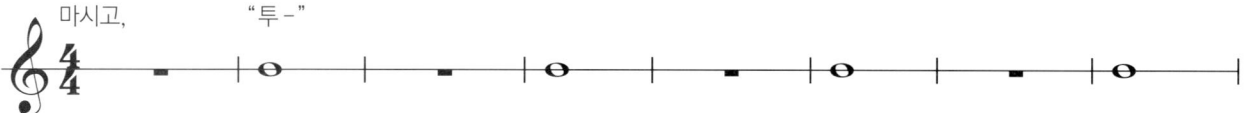

마시고,   "투–"

Lesson 1

Tip

자세가 편안하고 안정되어
있으면 호흡도 편안하고
정확하게 할 수 있습니다.

오른쪽 운지표는
색소폰을 정면에서
바라본 그림입니다.

키의 위치와 운지법은
《운지법차트》를
참고하세요

B음

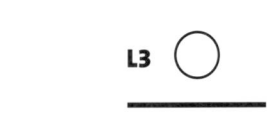

A음

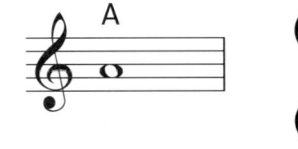

G음

	B음	A음	G음
L1	●	●	●
L2 (왼손)	○	●	●
L3	○	○	●
R1	○	○	○
R2 (오른손)	○	○	○
R3	○	○	○

* 이 교재에서 배우는 테너 색소폰은 악보의 음보다 실제로는 낮은 소리가 납니다.
　예를 들어 테너 색소폰으로 C음을 불면 실제로는 9도 아래 B♭음이 납니다.

연습 4.

연주 전에 호흡을 시작하고 쉼표에서도 호흡을 멈추지 마세요.
각 음에 텅잉하는 것을 잊지 마세요. 아래의 음표는 4박 길이의 **온음표**입니다.

연습 5.

아래의 음표와 쉼표는 2박 길이의 **2분음표**와 **2분쉼표**입니다.

연습 6.

아래의 음표와 쉼표는 1박 길이의 **4분음표**와 **4분쉼표**입니다.
쉼표가 나오면 재빨리 호흡을 하세요.

레슨 1을 위한 연주곡

Valley Song (골짜기의 노래)

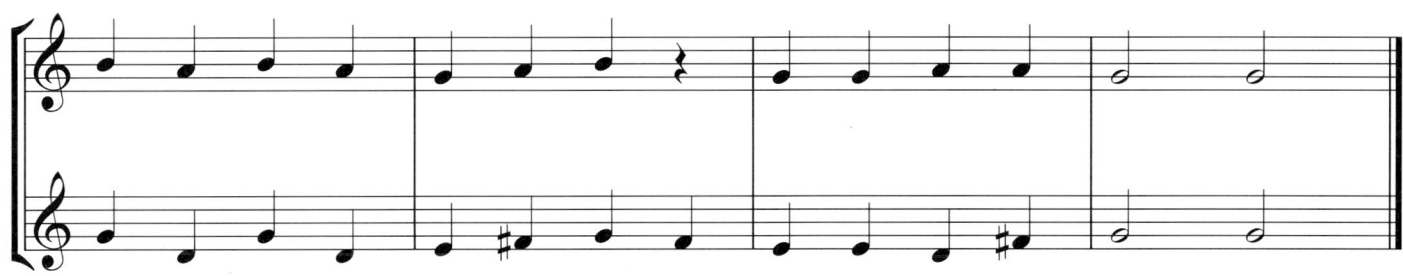

Going Cuckoo (뻐꾹뻐꾹)

Au Clair de la Lune (달빛 아래에서)

Tip

악보위의 알파벳은
코드 기호입니다.
기타나 피아노로
반주할 때
참고하세요.

1. C음
2. 목구멍 열고 호흡하기
3. 점2분음표
4. $\frac{3}{4}$박자

C음

목구멍 열고 호흡하기

손등에 대고 입으로 바람을 불어보세요.
차가운 공기가 느껴질 겁니다.

그렇다면 이번에는 창문에 입김을 분다고 상상하고
다시 불어보세요.
손등에 따뜻한 공기가 느껴질 겁니다.
따뜻한 공기가 나온 이유는 목구멍을 열고 호흡했기
때문입니다.

목구멍을 열고 연주하면 좋은 소리를 낼 수 있습니다.

Tip

편안한 자세로 서서
심호흡을 한 뒤에
연주하세요. 목구멍을
열고 횡격막으로 호흡하며
공기의 흐름을 일정하게
유지하세요.

연습 1.

아래 온음표 위의 기호는 늘임표 (페르마타)입니다. 늘임표는 음표의 원래 길이보다 더 길게 연주하라는 의미입니다.
목구멍을 열고 최대한 오래 연주해보세요.

연습을 할 때는 항상 긴 음표로 시작해야 합니다.

연습 2.

위에서 배운 대로 호흡하며 박자를 지켜 연주해보세요.
악보 위에 작은 숨표가 나오면 음악에 방해가 되지 않게 재빨리 호흡을 하세요.

연습 3.

C에서 B로, B에서 다시 C음으로 운지를 부드럽게 바꾸는 것은 매우 어렵습니다.
우선 천천히 여러 번 연습하고, 익숙해지면 더 빨리 연주해보세요. 소리가 또렷해야 합니다.
지저분한 소리에 만족하지 마세요!

점2분음표

음표 옆에 점이 있으면 원래 음표의 절반만큼 길이가 길어집니다.
그래서 2박인 2분음표에 점이 붙으면 3박이 됩니다.

Count: 1 2 3 4 1 2 3 4

연습 4.

연주하는 동안 마음속으로 박을 셉니다. 잊지 말고 목구멍을 열어 호흡하세요.

박자표

지금까지 본 악보에는 한 마디에 4박이 들어가는 박자표가 있었습니다.
1, 2, 3, 4, **1**, 2, 3, 4, **1**, 2, 3, 4

그러나 한 마디에 3박이 들어가는 곡도 많습니다.
3박자 곡은 머릿속으로 이렇게 박을 셉니다. **1**, 2, 3, **1**, 2, 3, **1**, 2, 3
대표적인 3박자 음악은 왈츠입니다.

연습 5.

박자표를 보세요. 위의 숫자는 한 마디에 3박이 들어간다는 의미입니다.
악보에서 칸 위에 있는 A음과 C음, 줄 위에 있는 G음과 B음을 잘 구분하세요.

Count: 1 2 3 1 2 3 1 2 3

자세 확인!

몸에 힘이 들어가지 않고 편안한 자세로 연주하고
있나요?

어깨를 내리고 횡격막으로 호흡하세요.

리드를 아랫입술이 받치고 있나요?

리드를 아랫니로 받치지 않도록 주의하세요.

 Tip

입모양을 항상 확인하세요.
리드는 아랫니가 아닌
아랫입술로 받쳐야 합니다.

레슨 2를 위한 연주곡

Back To Bed (다시 잠자리로)

Grumpy Graham (심술쟁이 그레이엄)

Medieval Dance (중세 춤곡)

* *Barcarolle* (뱃노래)

Offenbach

* Barcarolle : 베네치아의 곤돌라 사공이 부르는 노래

14

goals:

1. 옥타브 키
2. 옥타브 키를 사용하는 D음
3. 붙임줄

옥타브 키 (Octave key)

색소폰 뒷면에 키가 하나 있습니다. 그 키를 옥타브
키라고 합니다. 옥타브 키는 왼손 엄지로 누르는데, 엄지를
들었다가 누르는 것이 아니라 위로 밀어서 누릅니다.
옥타브 키는 이번 레슨에서 배우는 D음, 그리고 D음보다
높은 음들을 연주할 때 사용합니다. 옥타브 키를 사용해
음을 연주할 때는 횡격막에 힘을 조금 더 주어야 합니다.

리드를 너무 세게 물지 않도록 조심하세요.

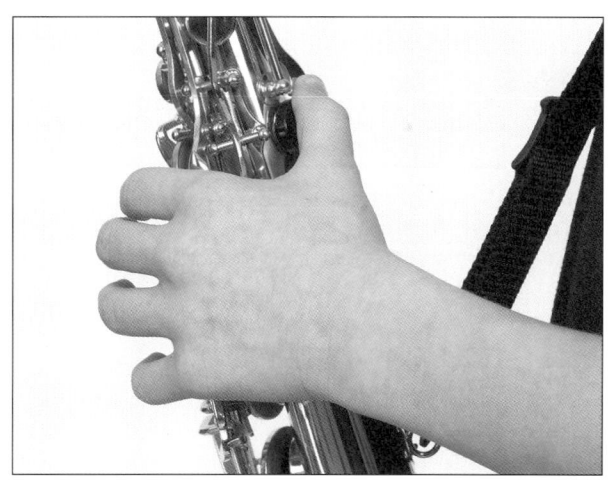

Tip

엄지 받침대에서 옥타브
키로 편하게 손가락을
이동할 수 있도록 엄지
손가락의 위치를 잘
조절하세요.

옥타브 키를 사용하는 D음

D음은 양손에서 각각 세 손가락을 사용합니다.
어깨를 내리고 편안한 자세로 서서 오른쪽 다리로 악기를
받치세요.

D음의 운지법대로 키를 눌러보세요. 이때 손으로 악기
옆면에 있는 다른 키들을 누르지 않아야 합니다.

목구멍을 열고 횡격막으로 호흡하세요.
아랫입술을 위로 조금 들면서 불어보세요.

옥타브 키를
누르세요.

연습 1.

음을 최대한 길게 연주하세요. 이 연습을 여러 번 반복하세요.

연습 2.

한음 한음 텅잉하는 것을 잊지 마세요.

15

연습 3.

텅잉과 손가락의 움직임이 조화를 이루도록 이 연습곡을 여러 번 연습하세요.

연습 4.

G음, B음, D음을 혼동하지 않도록 잘 보고 연습하세요.

붙임줄

두 음표를 붙임줄로 연결하면 음의 길이가 길어집니다.

음높이가 같은 두 음표를 잇는 곡선이 붙임줄입니다. 이때 음의 길이는 두 음표의 길이를 더한 만큼이 됩니다.

붙임줄은 주로 어떤 음이 다음 마디까지 넘어가야 하는 경우에 사용합니다.

3박   6박

연습 5.

박을 잘 세며 연주하세요.

Count: 1   2   3   4   1   2   계속

자세 확인

목구멍을 열고 호흡하고 있나요?
테너 색소폰에서 풍부하고 따뜻한 음색을 내기
위해서는 이 호흡법이 특히 중요합니다.

엄지손가락을 위로 밀면서 옥타브 키를 눌렀나요?

레슨 3을 위한 연주곡

Jingle Bells (징글벨)

Largo (from the New World Symphony) (라르고)《신세계 교향곡》에서

Dvořák

Lightly Row (나비야)

Knight Time (중세의 기사)

Lesson 4

goals:

1. 옥타브 키를 사용하는 E음
2. 셈여림표: *f*, *p*
3. 슬러 주법

E

ⓣ 옥타브 키를 사용하는 E음

E음을 연주할 때도 왼손 엄지를 위로 밀면서 옥타브 키를 누릅니다. E음도 높은 음이기 때문에 D음과 마찬가지로 횡격막을 이용해 호흡하는 것이 중요합니다.

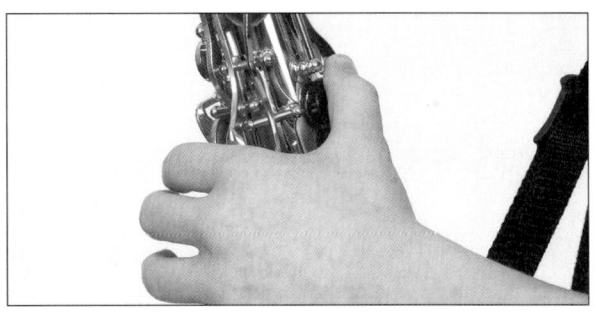

연습 1.

엄지를 위로 밀어 옥타브 키를 누르세요.

셈여림표

음표와 리듬은 음악의 중요한 요소들이지만, 곡의 분위기가 표현되지 않는다면 생기를 잃고 기계적으로 들릴 것입니다. 음악에 색채를 더하는 한 가지 방법은 다양한 크기의 소리로 연주하는 것입니다.

f = 포르테 (forte), 세게   *p* = 피아노 (piano), 여리게

연습 2.

셈여림표를 지켜 연주하세요.

f 에서는 공기를 많이 내쉬고, *p* 에서는 숨을 적게 내쉽니다.

Tip

빠르게 연주하는 것보다 느리고 정확하게 연주하는 것이 더 어렵습니다. 또렷한 소리를 낼 수 있을 때까지 천천히 연습하세요.

연습 3.

처음에는 천천히 연습하고, 익숙해진 다음에는 조금씩 빠르게 연주해보세요. 한 호흡에 연주할 수 있나요?

연습 4.

음표가 모두 보표의 칸에 그려져 있습니다. A, C, E음을 혼동하지 않도록 잘 보고 연주하세요.

슬러 주법

지금까지는 모든 음에 '투-'를 하며 텅잉을 했습니다. 하지만 모든 음에 텅잉을 하면 부드러운 선율을 연주할 수 없기 때문에 음악이 끊어지는 것처럼 들릴 수 있습니다.

여러 음을 슬러로 연주하면 음악이 부드러워집니다. 슬러를 연주할 때는 시작음에만 텅잉을 합니다. 나머지 음은 텅잉 없이 운지만 바꿉니다. 슬러 기호인 이음줄은 붙임줄과 똑같이 생겼지만 서로 다른 높이의 음들을 연결한다는 점이 다릅니다.

Tip

슬러를 마칠 때는 혀를 다시 리드에 댑니다. 이렇게 해야 또렷하고 깔끔하게 선율을 마칠 수 있기 때문입니다.

연습 5. 두 음 슬러

첫 음에만 텅잉을 합니다. 두 번째 음까지 호흡을 잃지 않도록 유의하세요.

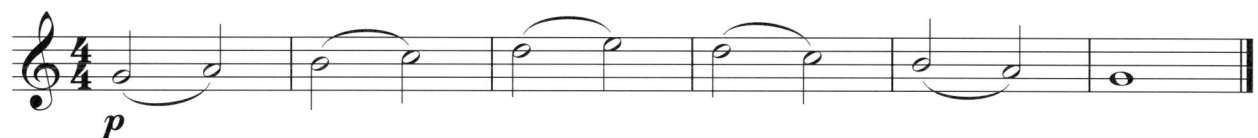

연습 6.

한 번에 세 음을 슬러로 연주합니다. 천천히 1, 2, 3박을 세면서 연주하세요.

연습 7.

레슨 2의 뱃노래를 다시 연주해보세요. 슬러와 셈여림표를 지켜 연주하면 훨씬 더 자장가처럼 들릴 것입니다.

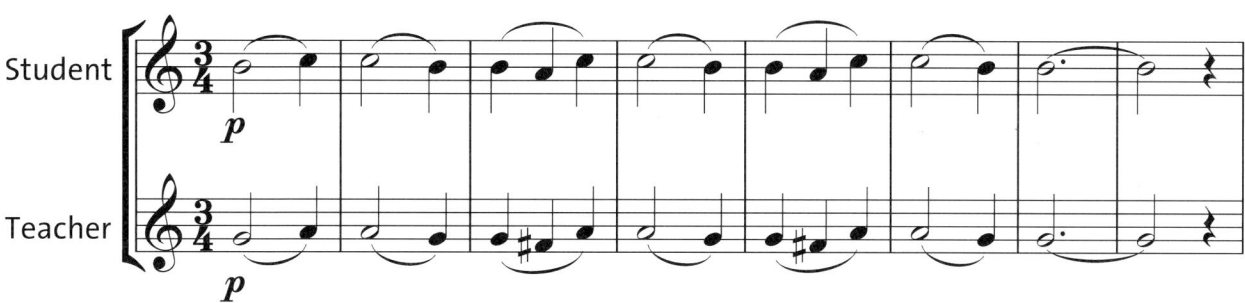

레슨 4를 위한 연주곡

20-21 *When The Saints Go Marching In* (성자의 행진)

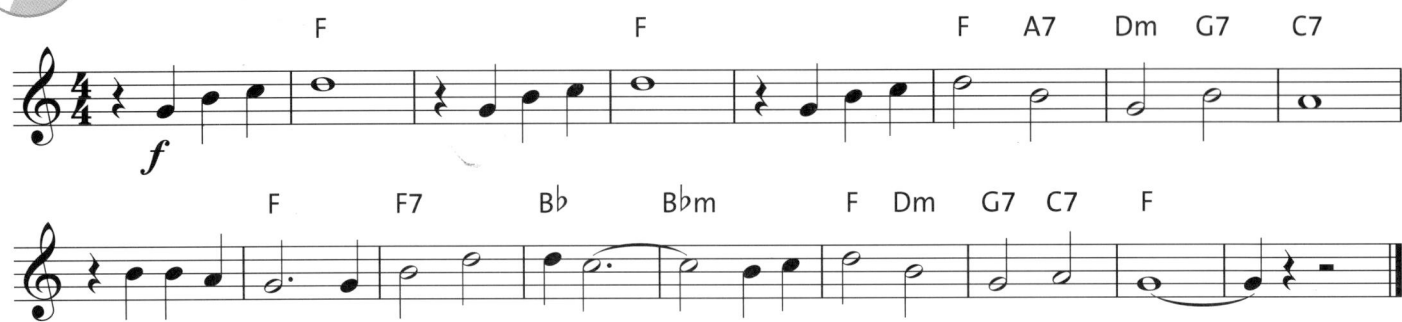

22-23 *Joshua Fought The Battle Of Jericho* (여리고의 전투)　　　* 흑인 영가

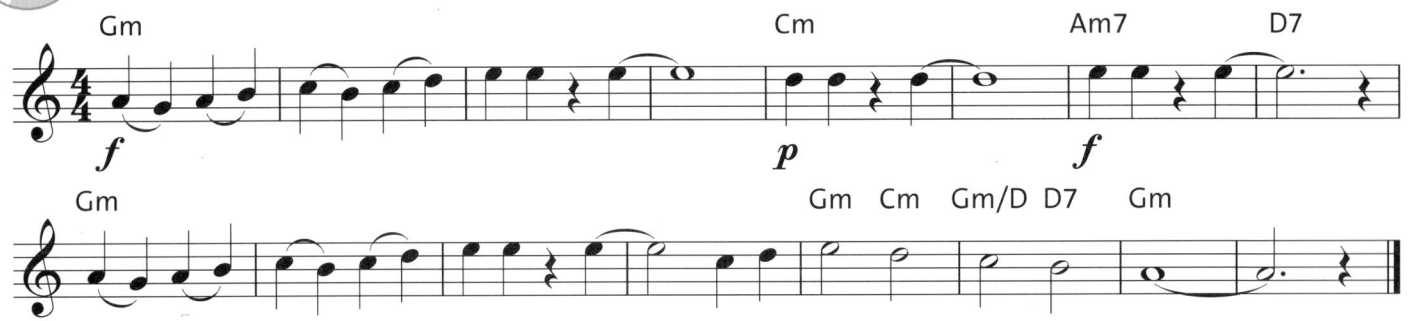

* 흑인 영가: 아프리카에서 노예로 끌려간 흑인들이 만들어 부르던 미국 노래

24-25 *Coventry Carol* (코벤트리 캐롤)

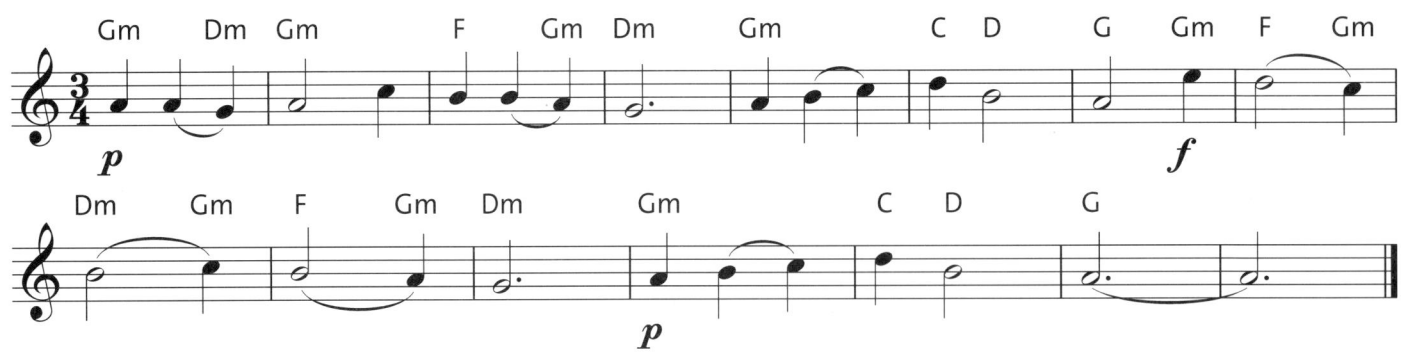

Canon For Two (두 명을 위한 캐논)

두 번째 연주자는 한 마디 뒤에 시작합니다.

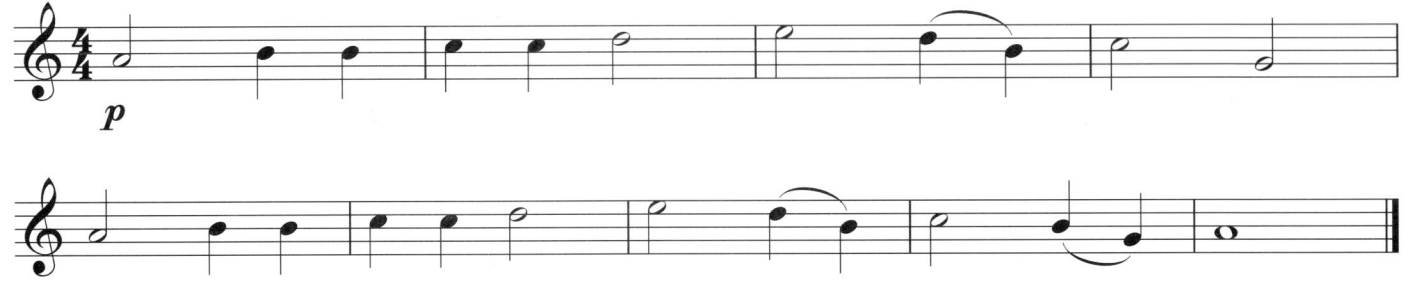

goals:

1. C#음
2. 온음과 반음
3. 도돌이표

Lesson 5

C#음

C#(C샵)은 아무 키도 누르지 않습니다.
C#음을 연주할 때 악기가 흔들리지 않도록 조심하세요.
키를 누르지는 않지만 항상 손가락을 둥글게 말아 악기를
잘 받쳐주세요.

C#을 C, D음과 비교해보세요.
C보다는 높고 D보다는 낮은 음입니다.

C와 D의 거리를 **온음**이라고 합니다.
C와 C#, C#과 D 사이는 **반음**입니다.

일반적으로 악기에서 가장 가까운 음정이 반음입니다

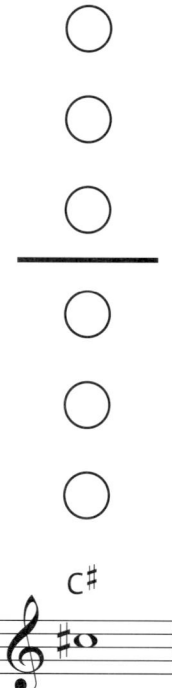

연습 1.

C#음을 연주할 때 색소폰이 흔들리지 않고 안정적으로 잡을 수 있도록 연습하세요.

연습 2. 샵과 제자리표 (Sharp & natural)

C와 D 사이는 온음이고 C와 C# 사이는 반음입니다. ♮기호는 내추럴 또는 제자리표라고 부르고, ♯이나 ♭(플랫) 없이
연주하라는 뜻입니다. ♮가 있으면 C#이 아닌 C음을 연주하세요.

점이 두 개 찍힌 겹세로줄은 도돌이표입니다. 처음부터 마디 4까지 연주한 다음 앞의 도돌이표로 돌아가서 한 번 더
연주하라는 뜻입니다.

도돌이표

연습 3. 임시표

마디 중간에 ♯, ♭ 기호가 나오는 것을 임시표라고 합니다. 임시표는 그 마디 안에서만 유효하며, 다음 마디로 넘어가면
자동으로 취소됩니다. 하지만 ♯이나 ♭이 나온 다음 같은 마디 안에서 ♮가 나오면 그 임시표는 바로 취소됩니다.
♯과 ♮를 잘 보며 연주해보세요.

21

레슨 5를 위한 연주곡

26-27 *Jingle Bells* (징글벨)

28 *Abide With Me* (함께 하소서)

Monk

29-30 *Juggling* (저글링)

test:

Lesson 1 ~ 5

1. 음표

다음 길이의 음표를 그리세요.

4박   2박   1박   3박

(4)

2. 쉼표

다음 길이의 쉼표를 그리세요.

4박   2박   1박   3박

(4)

3. 음표와 음이름

다음의 음들을 2분음표로 그리세요.

G   B   E   C   A   D   C♯

(8)

4. 샵

이 악보대로 연주하면 C♯음이 몇 번 나오나요? _____

(2)

5. 마디

박자표를 잘 보고 세로줄을 그리세요.

(7)

Total (25)

23

goals:

1. F#음
2. 조표
3. C장조, G장조, D장조

F#

F#음

F#은 레슨1에서 배운 G보다 반음 낮은 음입니다.

연습 1.

F#음과 G음이 얼마나 가까운지 들어보세요.

연습 2. * 도약

악보를 보면 아주 멀리 떨어져있는 음들이지만 연주할 때는 손가락을 많이 움직이지 않아도 됩니다. 최대한 또렷하게 연주하세요.

* 도약: 바로 위나 아래의 음으로 진행하지 않고 몇 개의 음을 건너뛰는 것

여러 가지 조 (key)

아주 단순한 선율을 노래할 때에도 내기 힘든 높은 음이 있습니다.
대신 조금 낮은 음에서 시작하면 내기 힘들었던 고음도 편안하게 부를 수 있게 됩니다. 이렇게 시작하는 음을 바꿔 부르는 것은 다른 조에서 노래를 부르는 것입니다.

음악에는 여러 가지 조가 있고, 모든 조에는 구성음들이 있습니다.
C장조는 ♯이나 ♭이 없기 때문에 쉽습니다.
G장조에서는 F 대신 F#을 사용합니다. D장조에서는 F#과 C#을 사용합니다.
악보에서 음자리표 옆의 ♯이나 ♭기호는 조표입니다. 조표를 보면 그 노래의 조를 알 수 있습니다.

연습 3. 두 가지 조 비교하기

위의 악보는 C장조이고 아래의 악보는 D장조입니다. 조표를 잘 보고 두 선율을 비교하며 연주해보세요.

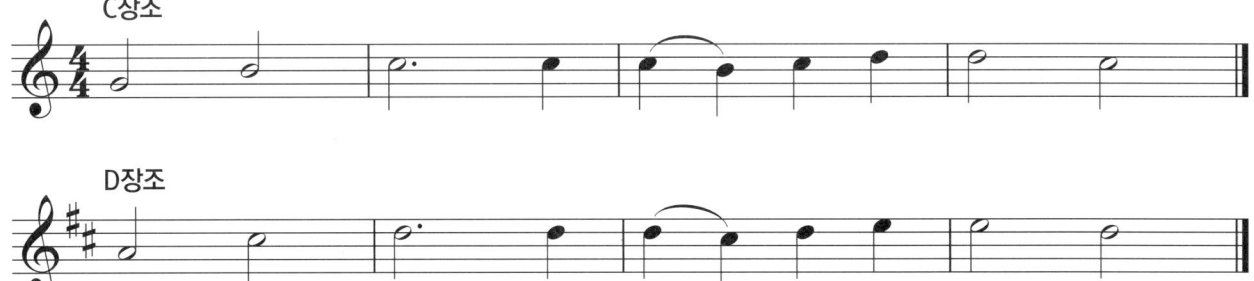

레슨 6을 위한 연주곡

Barcarolle (뱃노래)

Offenbach

레슨 2에서는 윗단을 연주했습니다. 이번에는 아랫단을 연주해보세요!

In Paris (파리에서)

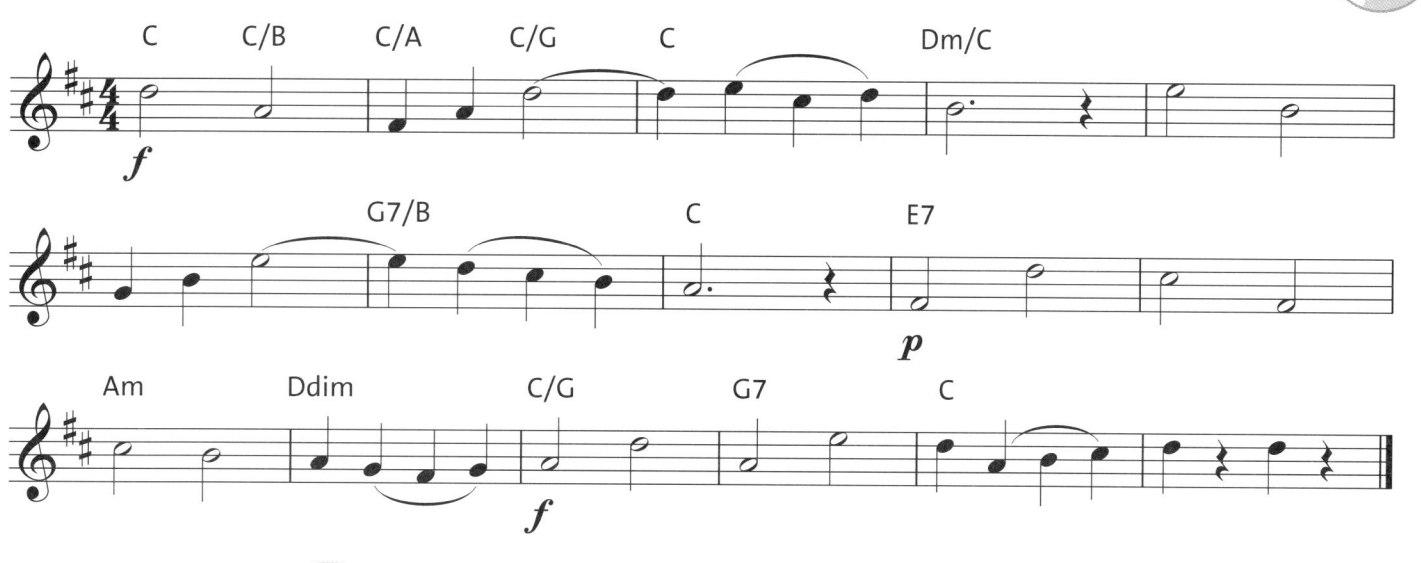

연습확인

연습할 때 항상 긴 음표부터 연습하고 있나요?
긴 음표를 꾸준히 연습하면 소리도 좋아지고
오래 연주할 수 있는 지구력도 기를 수 있습니다.

레슨 6을 위한 연주곡

33-34 *When The Saints Go Marching In* (성자의 행진)

조표에 있는 G♯은 신경쓰지 마세요. 이 곡에서는 G♯음이 나오지 않습니다.

35-36 *Steal Away* (본향으로 가리)

흑인 영가

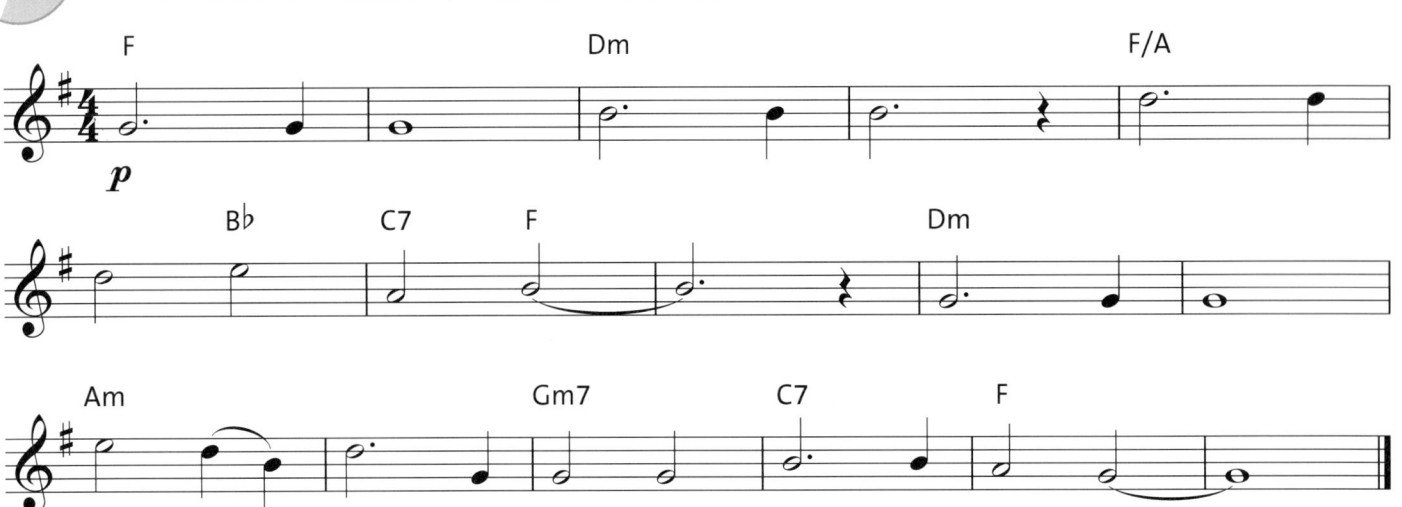

37-38 *The Unfinished Symphony* (미완성 교향곡) 《제2주제》에서

Schubert

한 마디에 여섯 박이 들어갑니다. 중간에 C♯음이 나오니 주의하세요.

레슨 6을 위한 연주곡

Nkosi Sikelel' (신이여 아프리카를 축복하소서)

Sontonga

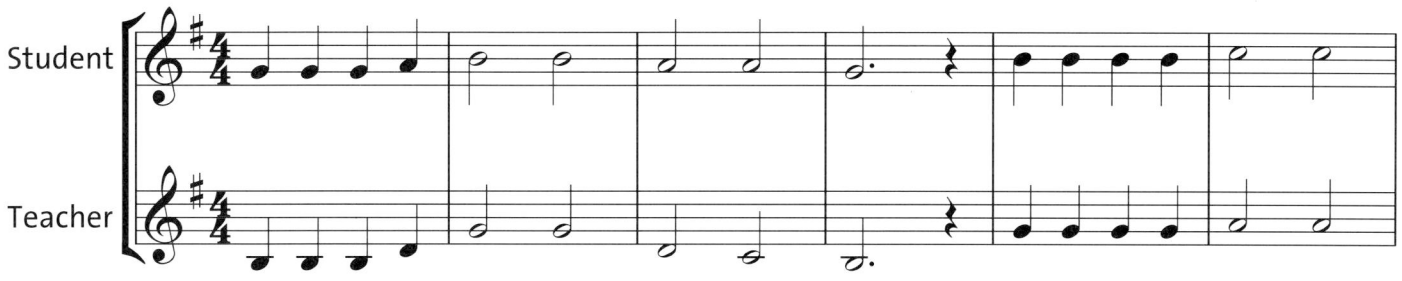

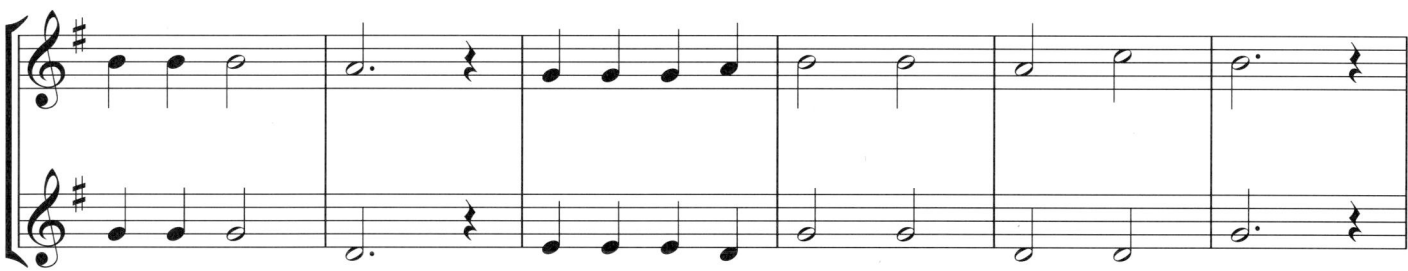

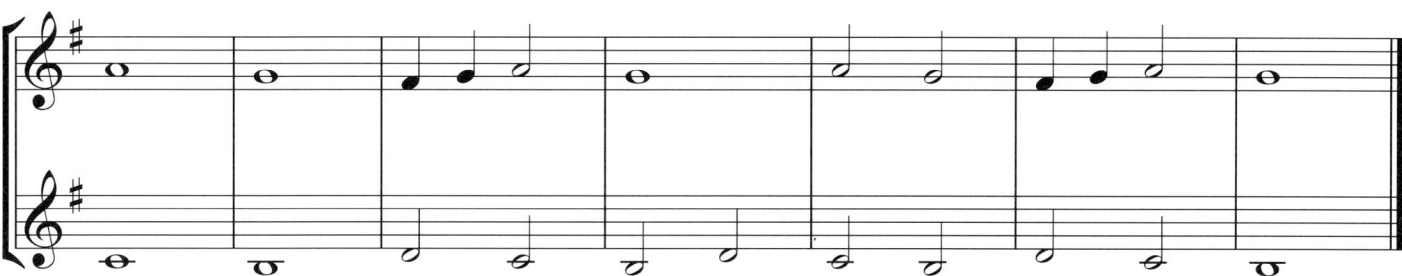

Magnetic Forks (자석 포크)

40

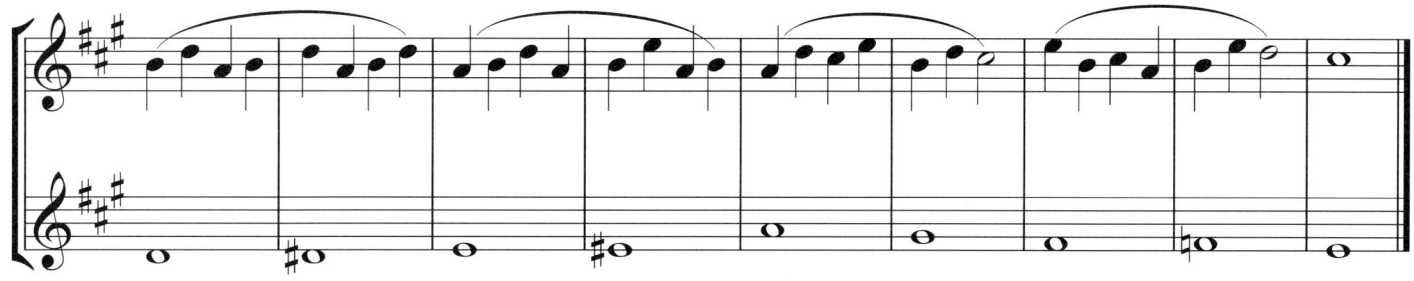

Lesson 7

goals:

1. E음과 D음
2. 옥타브

3. 커먼타임 (c)
4. D.C. al Fine (다 카포 알 피네)

 E음

E

D음

D

Tip

연습이 실력을 만듭니다. 인내심을 가지고 꾸준히 연습하다보면 강하고 좋은 소리를 낼 수 있게 될 것입니다.

호흡을 컨트롤할 수 있도록 반드시 횡격막으로 호흡하세요. 가장 중요한 것은 힘을 빼고 편안한 자세로 연주하는 것입니다.

옥타브

이번 레슨에서 배우는 E와 D음은 앞에서 배운 E와, D음보다 한 옥타브 낮은 음들입니다.
이번에는 옥타브 키를 사용하지 않습니다.

연습 1.

낮은 E음와 높은E음, 낮은D음와 높은D음를 비교하며 연주해보세요.
악보의 **C** 기호는 **커먼타임**(common time)의 약자입니다. 커먼타임은 **4/4**박자와 같습니다.

연습 2.

악기 안에 입김을 분다는 생각으로 목구멍을 열고 연주하면 아름다운 저음을 낼 수 있을 것입니다.

레슨 7을 위한 연주곡

O Come All Ye Faithful (참 반가운 신도여)

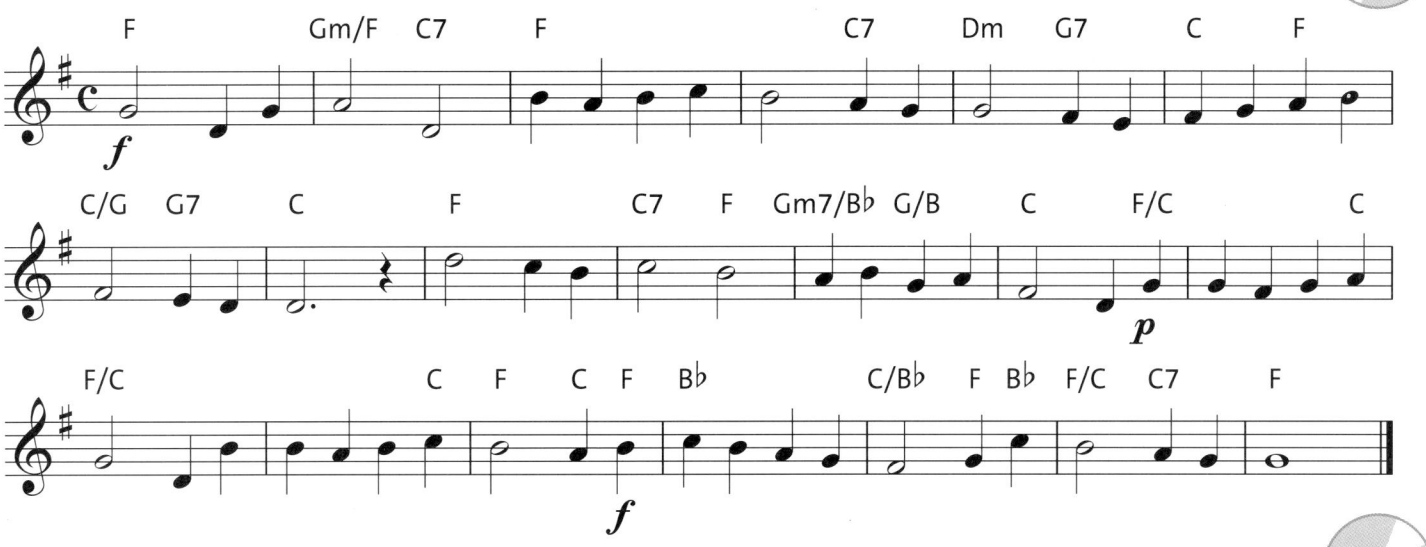

Skye Boat Song (스카이의 뱃노래)

스코틀랜드 민요

D.C. al Fine는 처음으로 돌아가서 Fine까지 연주하라는 뜻입니다.
도돌이표가 있는 마지막 단을 두 번 연주한 다음 처음으로 돌아가서 Fine가 있는 곳까지 연주하세요.

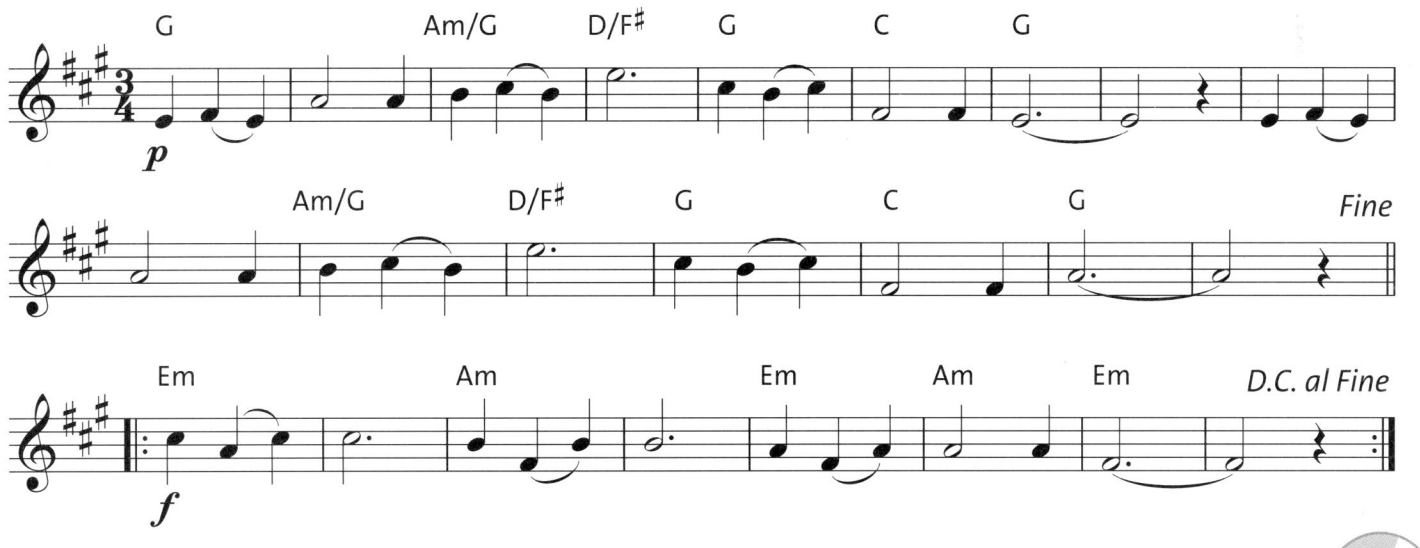

Scarborough Fair (스카보로 페어)

영국 민요

윗단과 아랫단 중 하나를 선택하여 연습하세요. 두 단을 모두 연주해도 좋습니다!

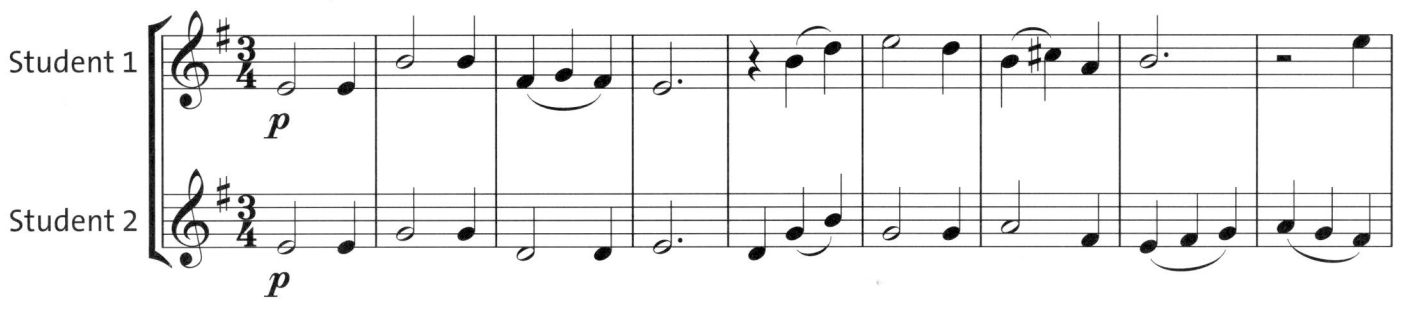

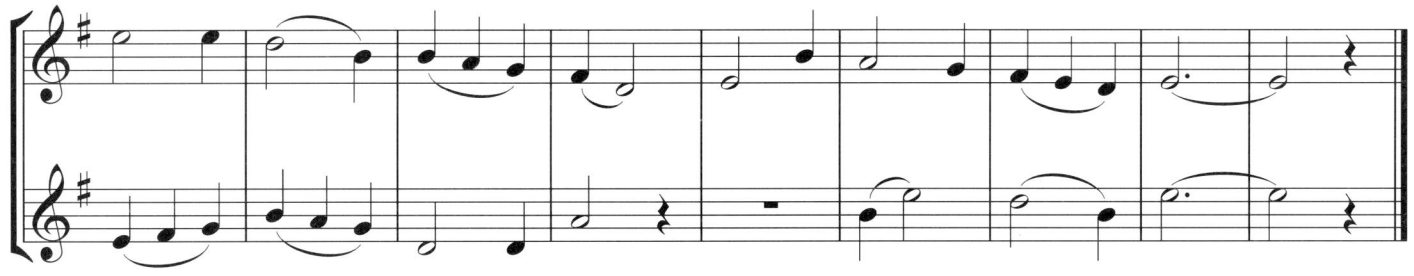

Lesson 8

goals:

1. 8분음표와 8분쉼표
2. D장조 음계
3. 빠르기말

Tip

* 초견은 음악가에게 중요한 기술입니다. 한 번도 연주해보지 않은 악보를 보고 곧바로 연주하는 연습을 꾸준히 하면 초견 실력이 늘 것입니다. 연주할 때는 항상 일정한 박을 유지하세요.

*초견: 처음 보는 악보를 연주하는 것

8분음표와 8분쉼표

지금까지 온음표(4박), 2분음표(2박), 4분음표(1박)를 배웠습니다.
두 음표를 붙임줄로 연결하거나 음표 옆에 점을 찍어 음의 길이를 늘이는 법도 배웠습니다.

8분음표와 8분쉼표는 4분음표의 절반 길이입니다.

8분음표와 8분쉼표   8분음표 2개 묶음(1쌍이 1박)   8분음표 4개 묶음(2박)

연습 1. 두 배씩 빠르게!

너무 빠른 속도로 시작하지 말고, 박을 일정하게 유지하세요.

Count: 1 2 3 4   1 2 3 4   1 2 3 4   1 & 2 & 3 & 4 &   1 2 3 4

연습 2. 3박자 연습

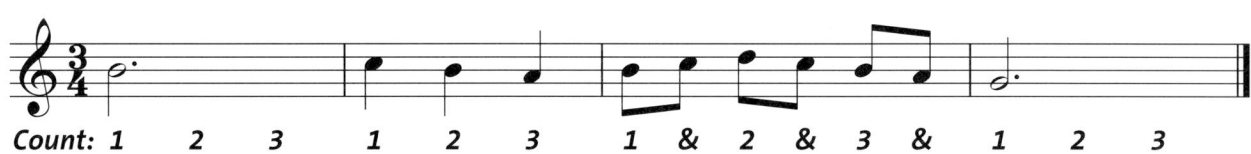

Count: 1   2   3   1   2   3   1 & 2 & 3 &   1   2   3

연습 3. D장조 음계

천천히 일정한 박으로 연주하면서 모든 음이 하나의 선율처럼 연결되도록 연습하세요.

한 음씩 올라가서 한 옥타브 높은 음까지 올라가거나 내려오는 것을 음계라고 합니다.
D음에서 시작해서 한 옥타브 높은 D음까지 올라갔다가 다시 한음씩 내려와 제자리로 돌아옵니다.
텅잉과 슬러 주법으로 연습하세요.

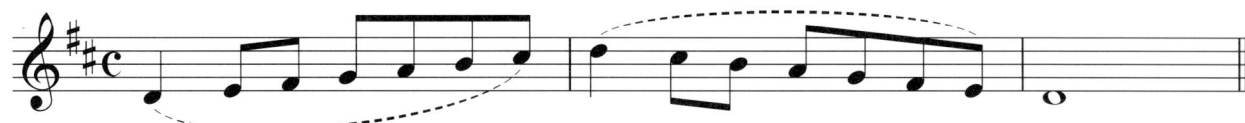

레슨 8을 위한 연주곡

Yankee Doodle (양키 두들)

8분음표를 연습할 수 있는 곡입니다.
한 마디에 2박이 들어가는 곡입니다. 악보 위의 * 빠르기말(Tempo & characher marking)을 확인하고 연주하세요.

안정적으로

*빠르기말: 곡을 얼마나 빠르게 연주해야 하는지, 어떤 성격의 음악인지 알려주는 표시

Can Can (캉캉)

Offenbach

빠르게

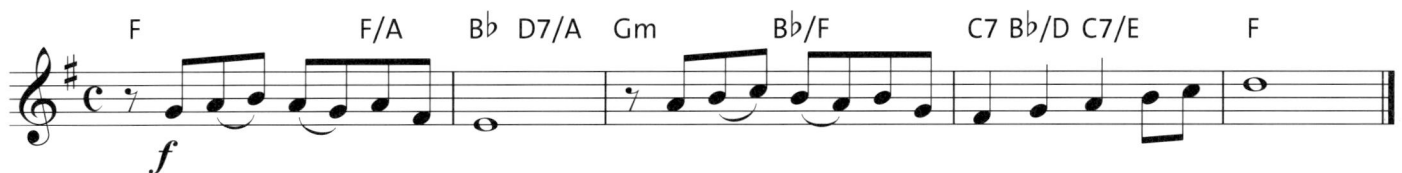

Nessun Dorma (공주는 잠 못 이루고)

Puccini

당당하게

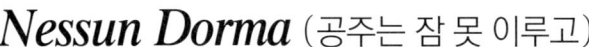 

Der Vogelfanger bin ich ja (나는야 새잡이) 《마술 피리》에서

Mozart

보통 빠르기로

Swing Low, Sweet Chariot (흔들리는 마차)

흑인 영가

침착하게

1. F음
2. 점4분음표
3. 못갖춘마디

F음

 ### 옥타브 키를 사용하는 F음

자세 확인

옥타브 키를 누를 때
어깨가 경직되지 않도록 주의하세요.

거울을 보며 어떤 음을 연주하더라도
항상 편안한 자세를 유지하는 연습을
하세요.

연습 1.

음을 최대한 길게 연주하세요. 연습은 항상 긴 음표부터 하는 것이 좋습니다.

Tip

음표를 붙임줄로 연결하는
대신 점음표를 사용하기도
합니다. 붙임줄이 많이 있는
것보다 악보가 단순해서
읽기 편하기 때문입니다.

점4분음표

2분음표 옆에 점이 있으면 3박이 된다는 것을 앞에서 배웠습니다.
4분음표도 옆에 점이 있으면 음의 길이가 1.5배 늘어납니다.
그래서 점4분음표는 8분음표 2개가 아닌 3개의 길이가 됩니다.

연습 2.

천천히 연주하며 8분음표의 박을 세어보세요. 글을 읽듯 자연스럽게 리듬을 읽을 수 있도록 연습하세요.

Count: 1 & 2 & 3 & 4 & 1 & 2 & 3 & 4 & 1 계속

연습 3.

여러 번 반복해서 연습하세요.
연습할 때마다 조금씩 빠르게 하다보면 8분음표를 하나하나 세지 않아도 리듬 패턴을 느낄 수 있게 될 것입니다.

연습 4.

자주 사용되지만 조금 까다로운 리듬을 위한 연습입니다.
한 마디에 3박이 들어가는 곡입니다.

못갖춘마디

《작별》은 1박 길이의 짧은 마디 (못갖춘마디)로 시작하는 곡입니다.
이 박은 마지막 마디의 마지막 박을 가져온 것입니다. 그래서 곡 시작부분에 못갖춘마디가 있으면 곡의 끝 부분에도
불완전한 마디가 있습니다. 이 두 마디를 합하면 하나의 완전한 마디가 됩니다.

레슨 9를 위한 연주곡

Auld Lang Syne (작별)

스코틀랜드 민요

레슨 9를 위한 연주곡

58

Allegro (from Spring) (알레그로) 《사계 중 '봄'》에서   Vivaldi

알레그로 (Allegro)는 이탈리아어로 빠르게라는 뜻이며, 음악에서 빠르기말로 자주 사용됩니다.
선율은 윗단에 있지만 듀엣 연주를 위해 아랫단을 연습해도 좋습니다.

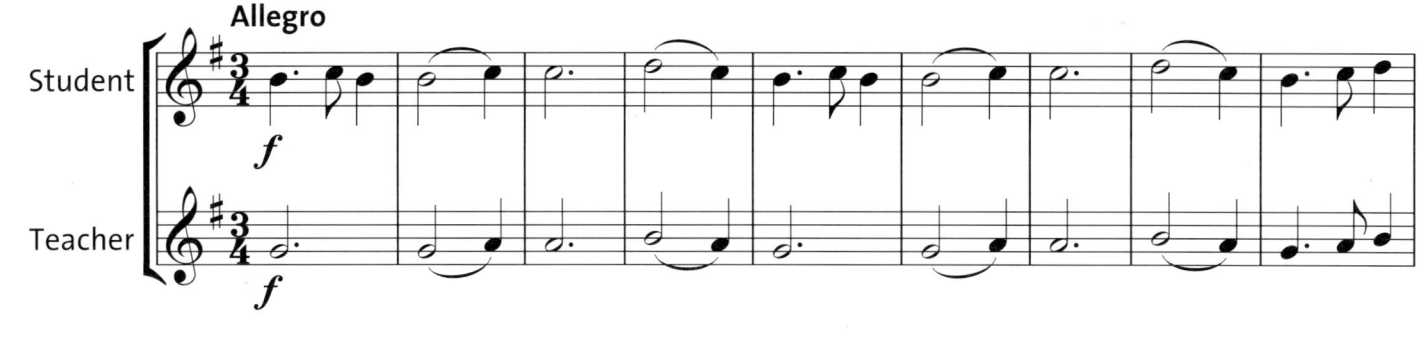

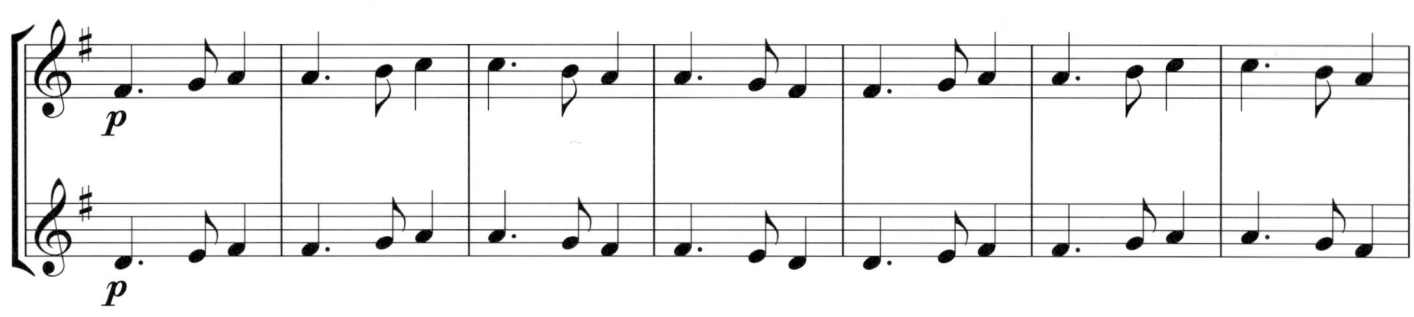

연습 확인!

연습을 잘 하고 있나요?

연습은 항상 긴 음표로 시작하고, 목구멍을 열고 횡격막으로 호흡하세요. 연주할 때는 자세가 경직되지 않도록 합니다.

매일 꾸준히 연습하면 아랫입술의 힘을 기를 수 있습니다.

어느 정도 잘 연주하는 데 만족하지 말고 완벽하게 연주한 뒤에 다음 곡으로 넘어가세요.

goals:

1. 한 옥타브 낮은 C음
2. 셈여림표 : *mp* 와 *mf*

한 옥타브 낮은 C음

E음이나 D음처럼 목구멍을 열고 연주해야 따뜻하고
아름다운 소리를 낼 수 있습니다.
호흡을 잘 조절해서 음악적인 소리를 만들어보세요.

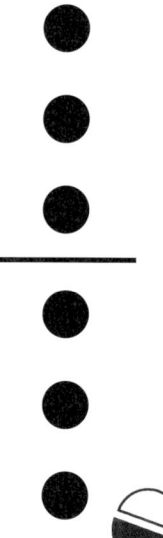

오른손 새끼 손가락으로
8R을 누르세요.

C

연습 1.

목구멍을 열고 최대한 오래 연주해보세요.

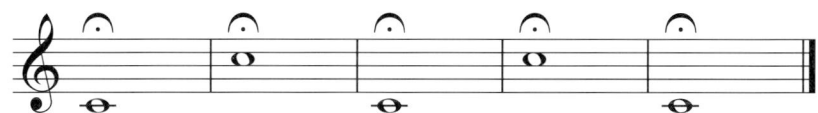

연습 2.

C장조 음계입니다. 텅잉으로 먼저 연습한 다음에 슬러로 연습하세요.
숨을 깊게 들이마신 다음에 시작하세요.

셈여림표

앞에서 배운 *p* 와 *f* 사이에는 다양한 셈여림표가 있습니다.
mp 는 조금 여리게, *mf* 는 조금 세게 연주하라는 뜻입니다.
이때 *m*은 mezzo (메조)의 약자인데, 메조는 이탈리아어로 '절반'이라는 뜻입니다.

연습 3.

셈여림표를 지켜 연주해 보세요.

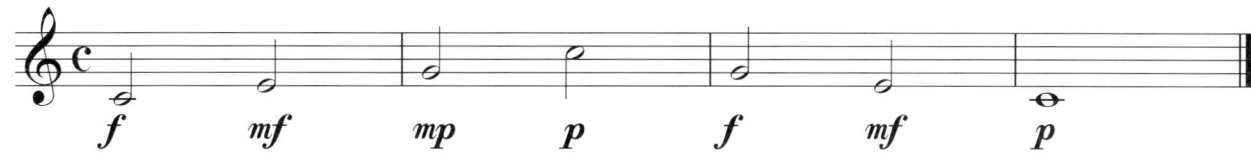

f　　*mf*　　*mp*　　*p*　　*f*　　*mf*　　*p*

Tip

셈여림표가 계속 바뀌면
앞에서 어느 정도 크기로
연주했는지 잊어버리기
쉽습니다.
마디 1의 *f* 와 마디 3의
f 를 같은 크기로
연주하도록 신경 써서
연습하세요.
mp 를 너무 작게 연주하면
p 를 연주하기 어렵습니다.

35

레슨 10을 위한 연주곡

59-60 *Silent Night* (고요한 밤)

Grüber

마지막 마디의 C음에 주의하고, 셈여림표를 잘 보며 연주하세요.

부드럽게

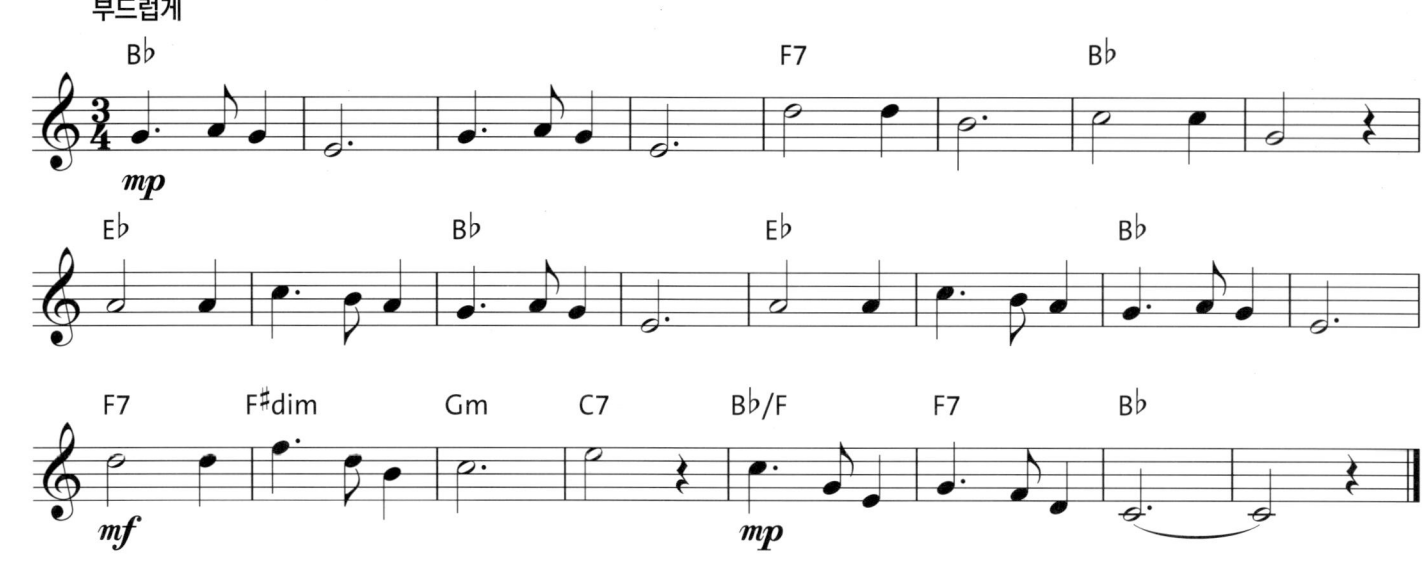

61-62 *Dixie* (딕시)

Emmett

조금 빠르게

63 *Ode To Joy* (환희의 송가) 《9번 교향곡》에서

Beethoven

Allegro

Student 1

Student 2

Lesson 6 ~ 10

1. 음의 길이

알맞은 음표를 그려보세요.

8분음표	2박 길이의 8분음표 묶음	점4분음표	8분음표 6개와 같은 길이의 음표

(8)

2. 조표와 음계

G장조 조표와 음계를 그려보세요.

(4)

3. 음표와 음이름

다음 음을 4분음표로 그려보세요.

C   낮은 **C**   높은 **E**   **F♯**   낮은 **D**   높은 **F**   **B**   **C♯**

(4)

4. 셈여림표

다음의 뜻에 알맞은 이탈리아어를 쓰세요.

조금 세게 _____

조금 여리게 _____

(4)

5. 음악용어

화살표가 가리키는 것의 이름을 쓰세요.

Allegro

p

(5)

Total (25)

1. B♭음
2. F장조 음계와 조표

B♭음

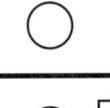
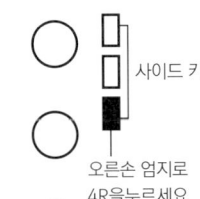

사이드 키

오른손 엄지로
4R을누르세요

B♭

♭기호는 음을 반음 내려줍니다.

B♭은 B보다 반음 낮고 A보다 반음 높은 음입니다.

연습 1.

손바닥 위쪽으로 * 사이드 키를 누를 때도 오른손 손가락은 키 가까이에 있어야
합니다.

* 사이드 키 (side key): 색소폰 하단 오른쪽 측면의 길쭉한 키

연습 2.

F장조의 음계입니다. F장조에는 B♭음이 사용됩니다. 조표를 확인한 다음 텅잉과 슬러로 연습해보세요.

비스 키를 누르세요

B♭

어떤 음들은 2개 이상의 운지법으로 연주할 수 있습니다.
위에서 배운 운지법(사이드 B♭) 외에도, 검지로 B 키와 비스 키(4L)를 동시에
눌러도 B♭음을 연주할 수 있습니다.

처음에는 어색하게 느껴질 수 있지만, 몇 번 해보면 금방 익숙해질 것입니다.
연습 1과 2로 돌아가서 새로 배운 B♭ 운지법(비스 B♭)으로 다시 연주해보세요.

앞으로는 B음 바로 다음이나 직전에 B♭음이 나오는 경우를 제외하고 모든 B♭음을
이 운지법으로 연주하세요.

* 비스 키 (bis key): L1과 L2사이의 키 (4L)

연습 3.

사이드 B♭ 운지를 사용해야 하나요? 아니면 비스 B♭ 운지를 사용해야 하나요?

레슨 11을 위한 연주곡

Frère Jacques (안녕)

프랑스 민요

이 곡은 4명까지 함께 연주할 수 있습니다. 돌림노래로 연주할 때는 앞 사람이 두 마디를 연주한 후에 시작하세요.

B♭음이 나오면 비스 키를 사용하세요.

안정적으로

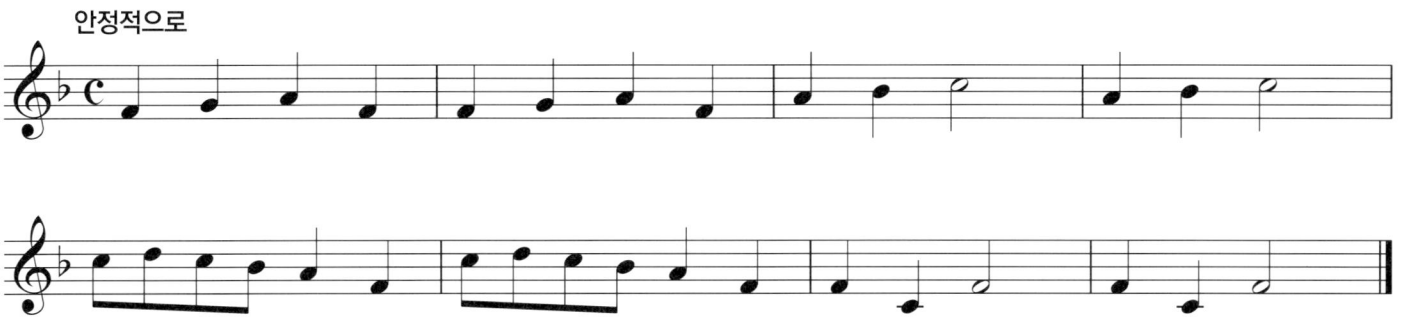

Romance No.1 (로망스 1번)

Beethoven

64-65

B♭음의 2가지 운지법을 모두 사용해야 하는 곡입니다.

느리게

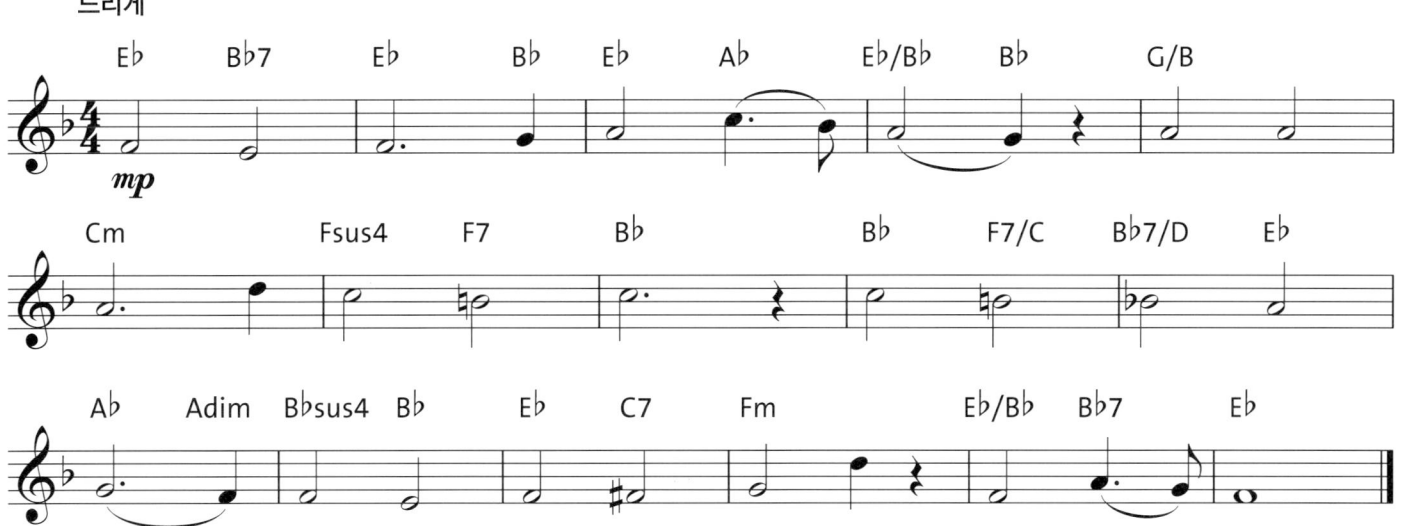

Can Can (캉캉)

Offenbach

66-67

이 곡은 F장조입니다. 레슨 8의 D장조 《캉캉》과 비교해 보세요.

빠르게

Lesson 12

goals:

1. 옥타브 키를 사용하는 G, A, B, C음
2. 더 높은 D음
3. D.S. al Fine (달세뇨 알 피네)

옥타브 키를 사용하는 G, A, B, C음과 더 높은 D음

Tip

높은 음은 처음에는 음이
안 맞는 것처럼 들릴 수
있습니다. 안정적인 음색과
정확한 음을 내기 위해서는
정확한 입모양을 유지하는
것이 중요합니다.

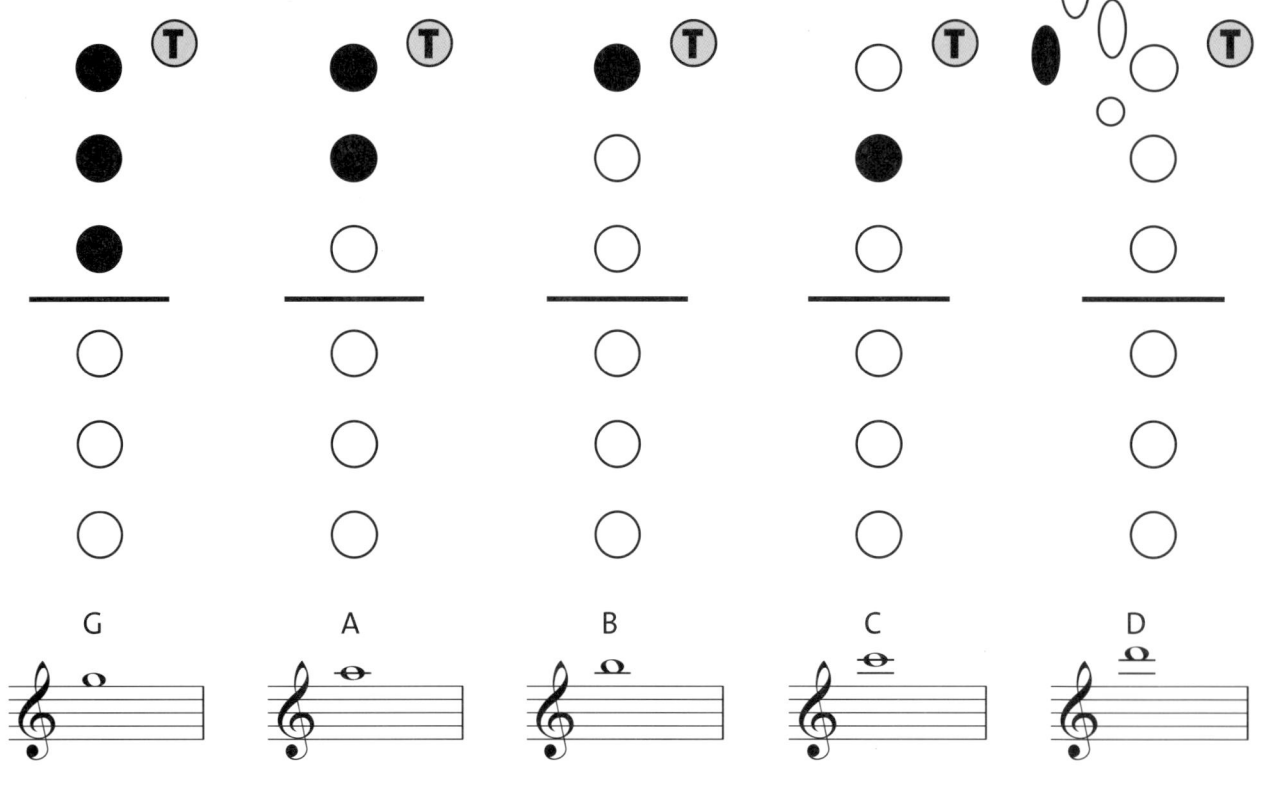

연습 1.

넓은 도약을 연습해 보세요. 모든 음을 항상 고르게 연주해야 합니다.

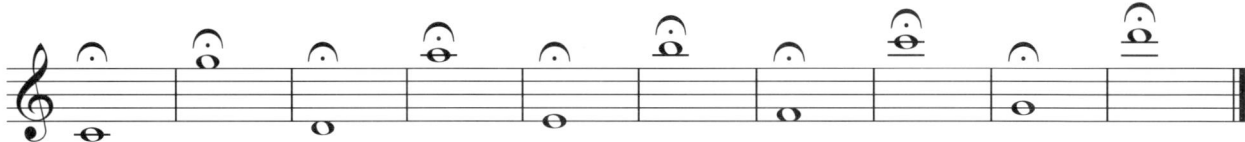

연습 2.

정확한 음정으로 옥타브 도약을 연주하세요.

연습 3.

높은 음을 읽는 연습을 해보세요.

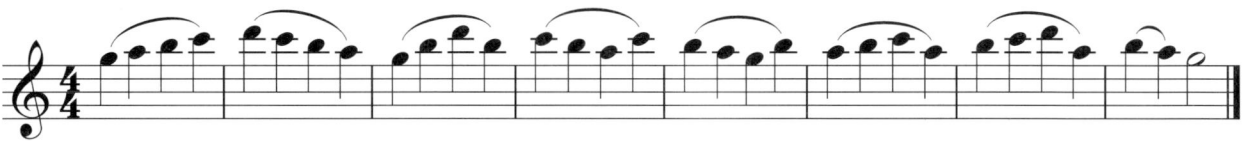

40

레슨 12를 위한 연주곡

When The Saints Go Marching In (성자의 행진)

《성자의 행진》을 연주할 때는 1, 2라고 적힌 것은 첫 번째 마침과 두 번째 마침이라고 부릅니다. 처음부터 첫 번째 마침까지 연주한 다음, 앞 도돌이표로 돌아가서 반복합니다. 반복할 때는 첫 번째 마침 (1번)은 생략하고 바로 두 번째 마침 (2번)으로 넘어가서 마칩니다.

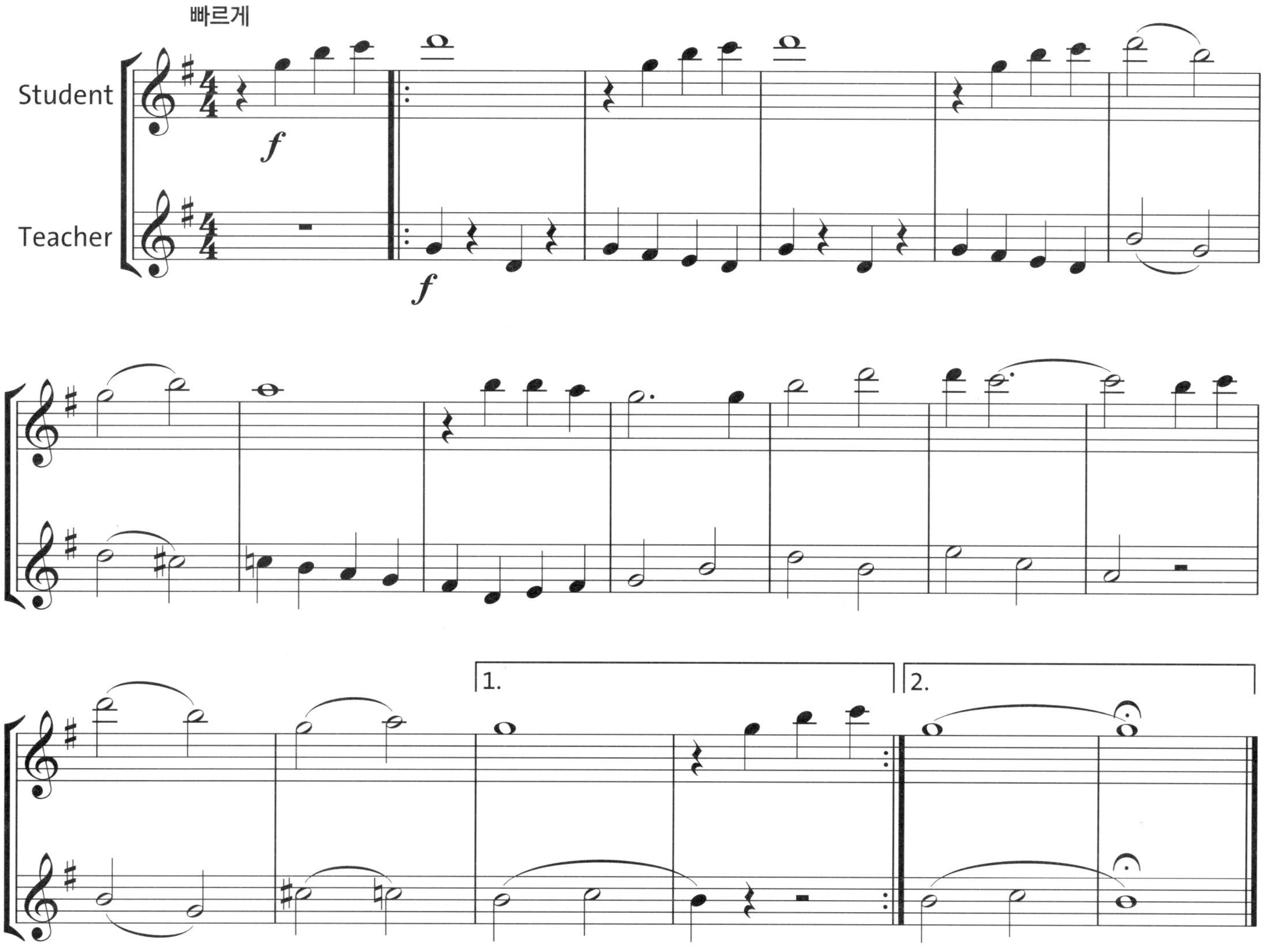

Reveille (기상나팔)

군대 음악

D.S. al Fine는 𝄋 기호로 돌아가서 Fine까지 다시 연주하라는 뜻입니다.

goals:

1. 옥타브 키를 사용하는 F♯음
2. 손가락 연습

F♯

옥타브 키를 사용하는 F♯음

빠른 손가락 연습

달리기 전에 걷는 법을 먼저 배워야 하듯 빠른 곡을 연주하기 위해서는 먼저 천천히 연습해야 합니다. 교본에 실린 연습곡과 연주곡을 천천히 연습하며 근육을 자유자재로 조절할 수 있도록 하세요.

연습 1.
완벽한 소리와 정확한 운지를 목표로 여러 번 연습하세요.

연습 2.
F음과 F♯음을 연달아 연주할 때 오른손 운지를 정확히 하기가 어렵습니다.
손가락의 움직임을 완벽하게 익힐 때까지 연습하세요.

Tip
꾸준한 연습은
'근육 기억력 (muscle memory)'을 길러줍니다.
근육 기억력이 생기면,
어떤 음을 연주할 때
운지법에 대해 생각하지
않아도 몸에 밴 대로 저절로
손가락이 움직이게 됩니다.

연습 3.
빠른 속도로 연주할 수 있을 때까지 여러 번 연습하세요.

연습 4.
빠른 속도로 연주할 수 있을 때까지 여러 번 연습하세요.

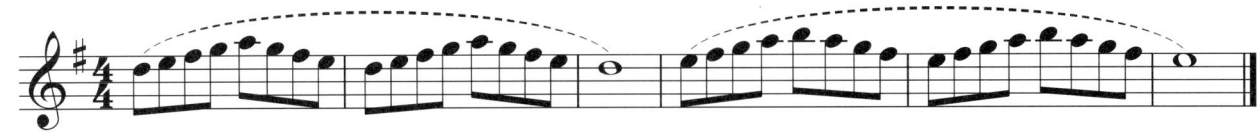

연습 5. G장조와 C장조의 음계
완벽하게 연주할 수 있을 때까지 여러 번 연습하세요.

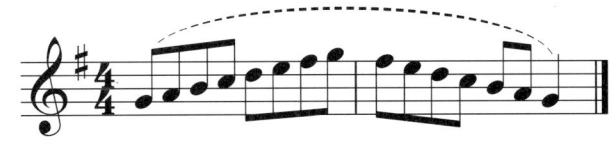
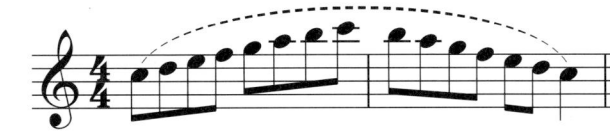

레슨 13을 위한 연주곡

Camptown Races (캠프타운 경마)

Foster

69

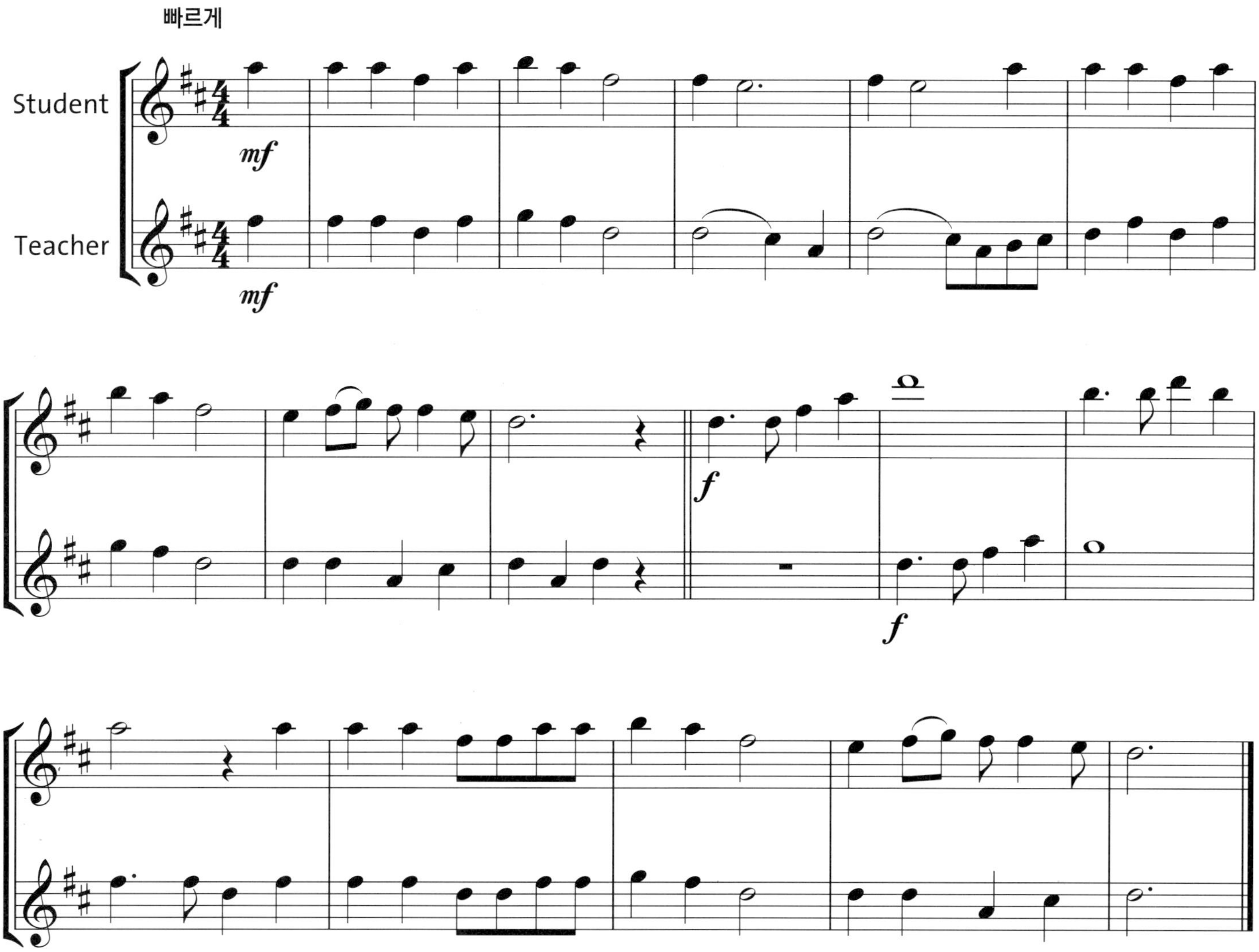

Home On The Range (언덕 위의 집)

70-71

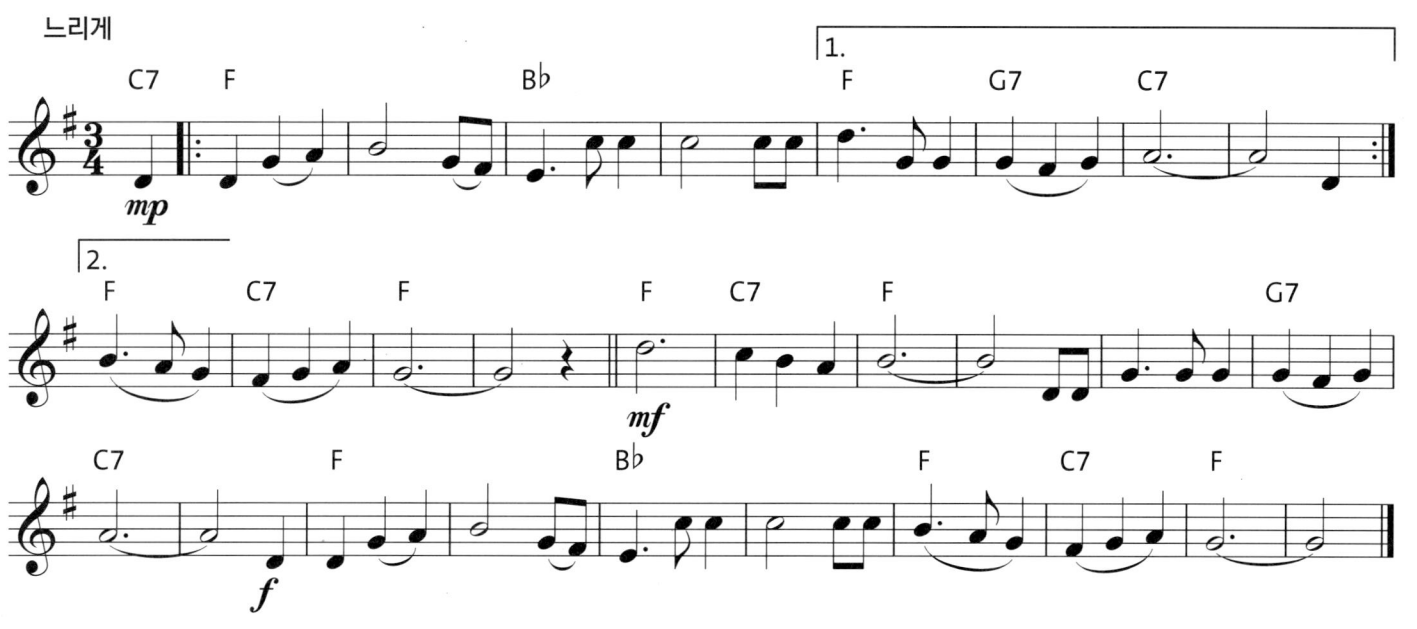

레슨 13을 위한 연주곡

Danny Boy (대니 보이)

아일랜드 민요

선율이 매우 아름다운 곡입니다. 셈여림표와 슬러를 지키며 막힘없이 연주할 수 있을 때까지 연습하세요.
많이 연습한 만큼 보람이 있을 것입니다.

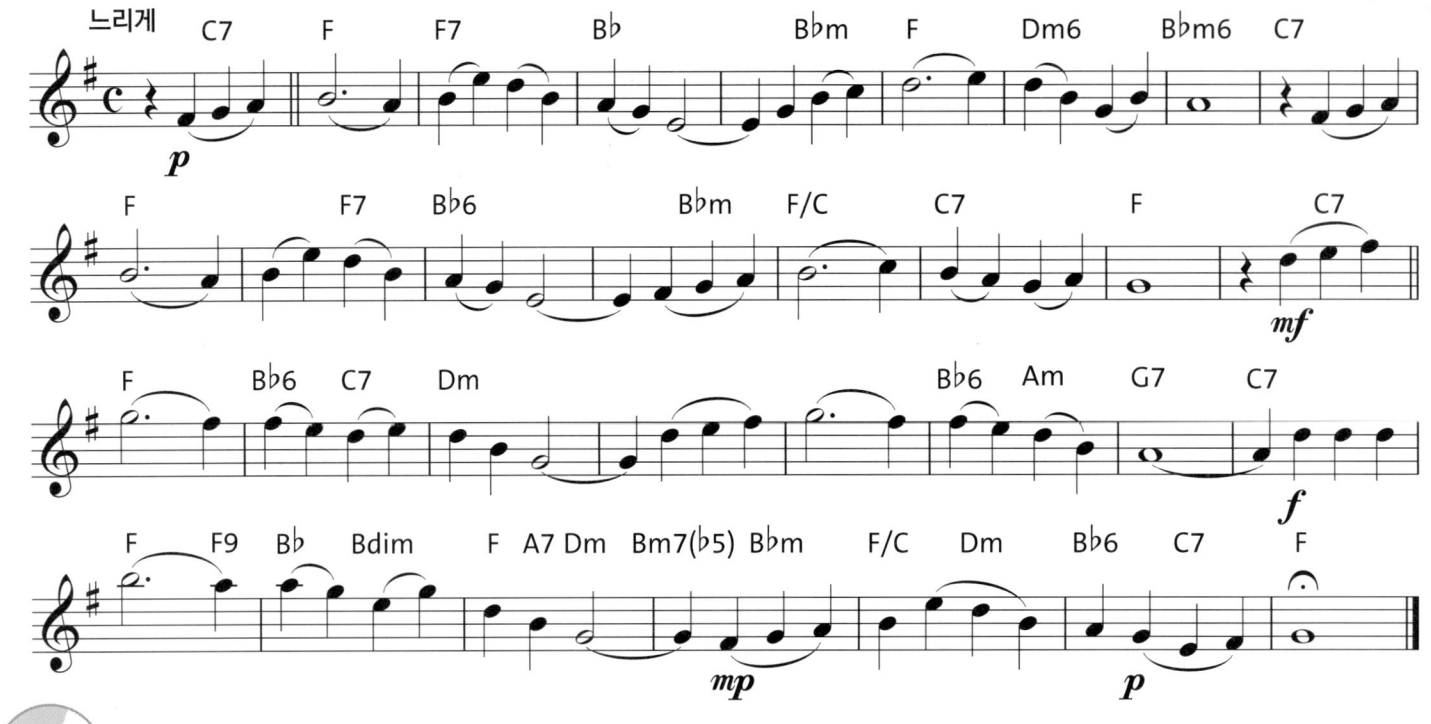

Swing Low, Sweet Chariot (흔들리는 마차)

흑인 영가

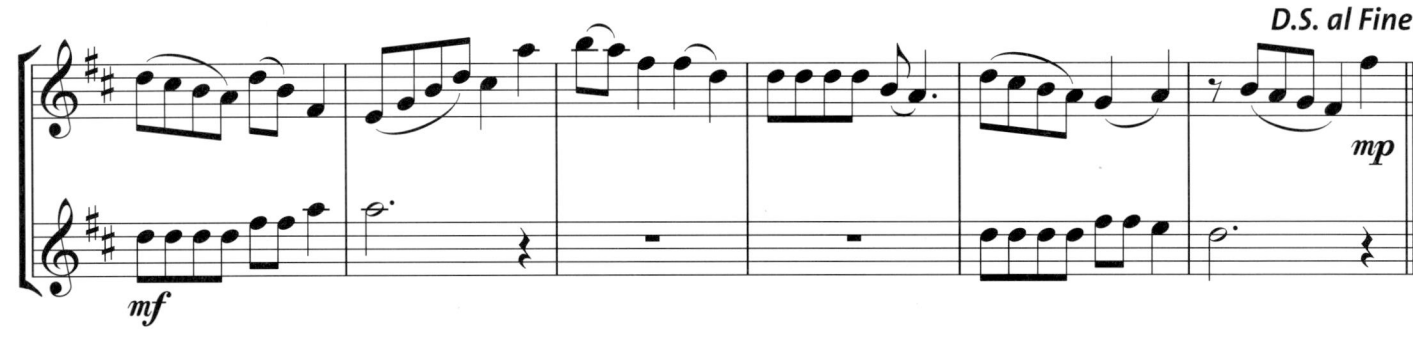

goals:

1. G♯음
2. 단조의 조표와 음계

G♯음

옥타브 키를 사용하는 높은 G♯음

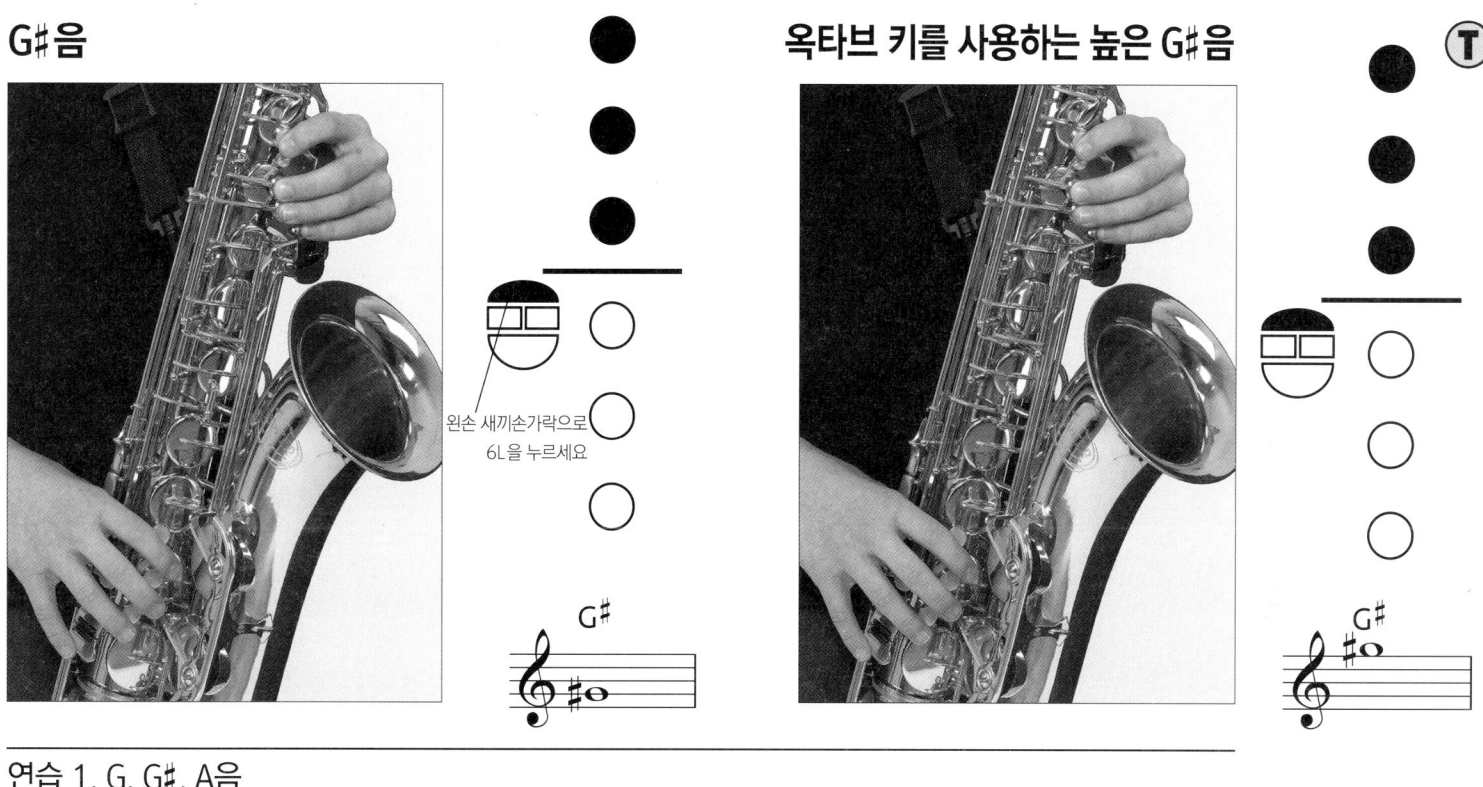

왼손 새끼손가락으로
6L을 누르세요

G♯

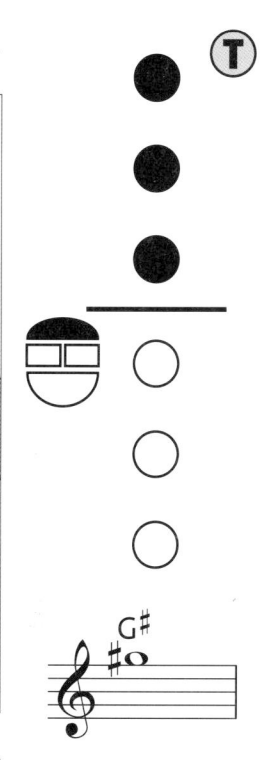

G♯

연습 1. G, G♯, A음
새끼손가락을 위한 연습입니다.

Tip

거울을 보며 왼손
새끼손가락의 위치를
확인하세요. 익숙해지면
거울을 보지 않고도 정확한
운지로 연주할 수 있을
것입니다.

연습 2.
G♯음을 많이 연습하면 새끼손가락 힘을 기를 수 있습니다.

연습 3.
손가락 연습을 할 수 있는 선율입니다.

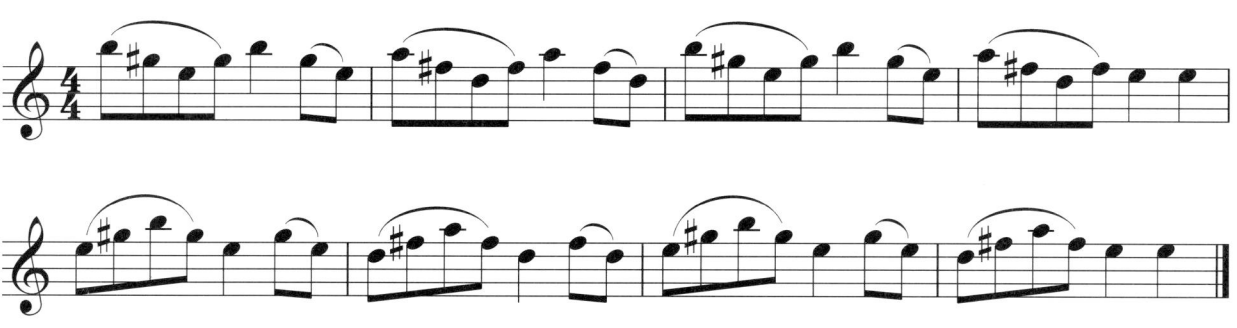

Lesson 14

장조와 단조 (Major & minor)

지금까지 연주한 C장조, G장조, F장조 등의 곡은 대부분 밝은 분위기의 곡이었습니다.

하지만 작곡가가 곡에서 슬픔을 표현하고 싶을 때도 있습니다. 그런 경우 일반적으로 단조를 사용합니다.

장조의 음계 (장음계)는 3음과 4음, 7음과 8음 사이가 반음이고 단조의 음계 (단음계)는 2음과 3음, 7음과 8음 사이가 반음입니다 (화성단음계). 여러 가지 단음계가 있지만 이 교재에서는 화성단음계만 사용합니다.

Tip

일반적으로 장조는 밝고 단조는 어두운 느낌을 준다고 말합니다. 장조와 단조의 분위기가 다른 것은 장음계와 단음계의 음정의 배열이 다르기 때문입니다.

연습 4. A장조 음계

A장조 음계를 여러 번 연주하면서 밝은 분위기를 느껴보세요.

연습 5. A단조 화성단음계

A단조 음계의 조표는 C장조와 같습니다. 하지만 C장조와 달리 연주할 때 G♯이 계속 나옵니다.

조표에는 표시되어 있지 않습니다. G♯에 주의하며 A단조 화성단음계를 연습해보세요.

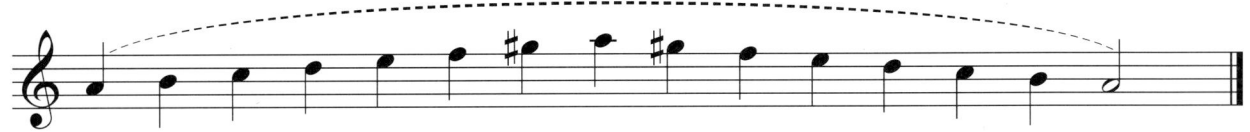

레슨 14를 위한 연주곡

75-76

Hava Nagila (하바 나길라)

이스라엘 민요

단조 (D단조)로 된 유명한 곡입니다.

처음에는 느리게 시작했다가 중간부터 빠르고 신나게 연주하세요!

레슨 14를 위한 연주곡

Go Down Moses (가라, 모세)

흑인 영가

이 곡은 3대의 색소폰이 선율을 나누어 연주하기 때문에 세 파트가 똑같이 중요합니다.
선율을 보조해주는 반주를 연주할 때는 셈여림표를 지켜 선율과 조화를 이루도록 하세요.

goals:

1. 옥타브 키를 사용하는 더 높은 C#음과 E음
2. 스타카토와 레가토

옥타브 키를 사용하는 C#음

C#

옥타브 키를 사용한 E음

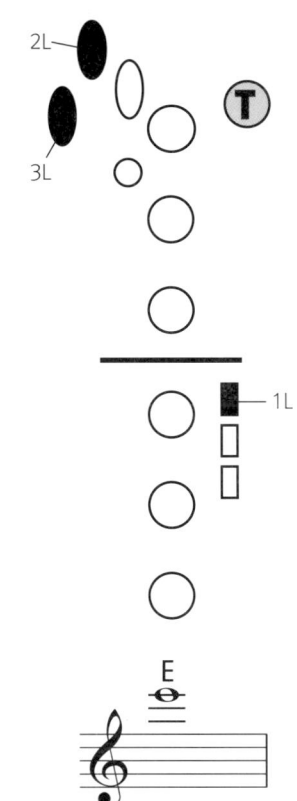

1L

E

Tip

높은 음은 색소폰의 관 전체를 사용하지 않고 아주 짧은 부분만을 통해서 소리가 납니다. 따라서 낮은 음보다 적은 숨을 내쉬고도 같은 크기의 소리를 낼 수 있습니다. 높은 음에서 너무 세게 불면 음색이나 음이 안 좋아질 수 있습니다. 연주자의 귀도 나빠질 수 있죠!

연습 1.

높은 음을 연주하기 위해서는 횡격막의 힘이 필요합니다. 입을 너무 경직시키지는 마세요.
연주를 할 때는 손가락이 최대한 악기에 가까이 있어야 합니다.

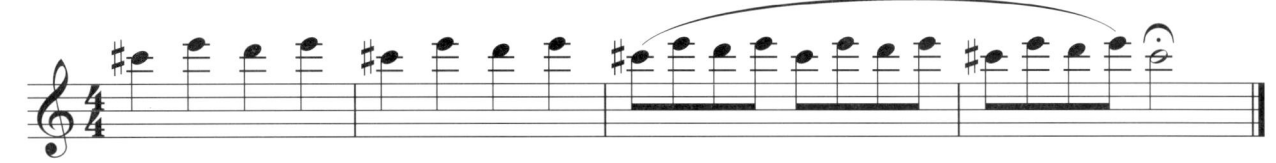

연습 2.

2옥타브를 넘나드는 E단조 * 아르페지오(분산화음)입니다.

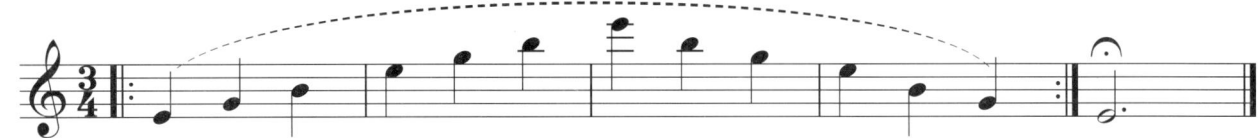

* 아르페지오: 음계의 1, 3, 5, 8번째 음을 차례로 연주하는 것

연습 3. 높은 음 낮은 음

모든 음을 따뜻한 음색으로 고르게 연주할 수 있도록 천천히 연습하세요.

스타카토와 레가토 (Staccato & Legato)

레가토는 연결되었다는 뜻으로, 여러 음을 끊지 않고 슬러나 부드러운 텅잉으로 연주하는 것을 의미합니다.
스타카토는 반대로 음을 짧게 끊어 연주하라는 뜻입니다. 음표 위나 아래의 점이 스타카토 기호입니다.

악보

실제 소리

연습 4.

또렷하게 스타카토 텅잉을 할 수 있도록 여러 번 연습하세요.

연습 5.

처음에 느리게 연주해야 8분음표가 너무 빨라지지 않습니다.

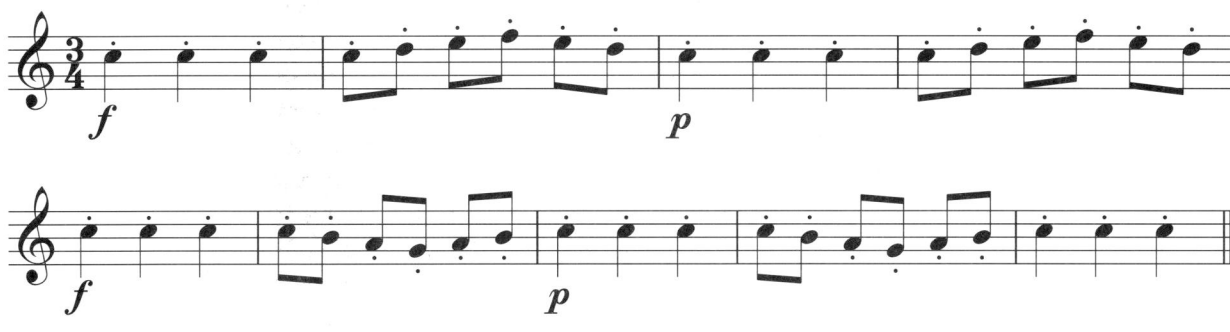

레슨 15를 위한 연주곡

The Blue Danube Waltz (푸른 다뉴브강)

Johann Strauss II

77-78

레슨 15를 위한 연주곡

79-80 *Oh! Susannah* (오! 수재너)   Foster

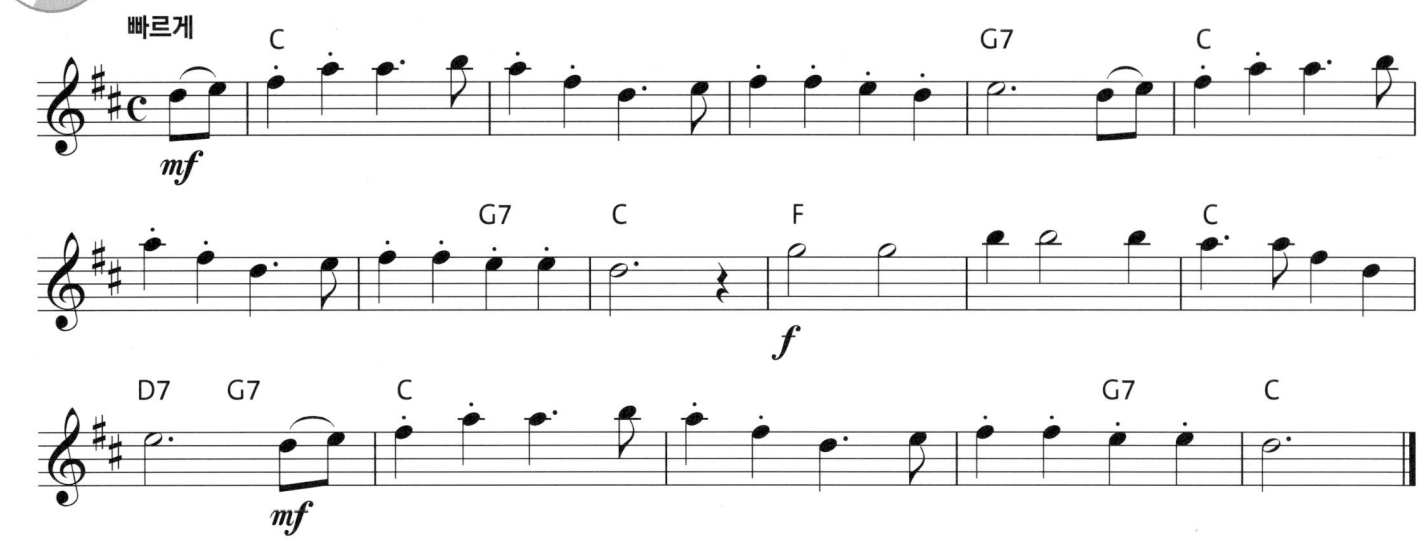

81-82 **Song Of The Volga Boatmen** (볼가강의 뱃노래)   러시아 민요

83-84 *Mango Walk* (망고 워크)   자메이카 민요

test:

Lesson 11 ~ 15

1. 조표

알맞은 조표를 그려보세요.

G장조   F장조   A단조   A장조   C장조

(5)

2. 점음표

점음표를 사용하여 왼쪽의 악보를 단순하게 바꿔보세요.

(5)

3. 음표와 음이름

다음의 음들을 4분음표로 그려보세요.

G#   낮은 C   가장 높은 D   B♭   F#   높은 E

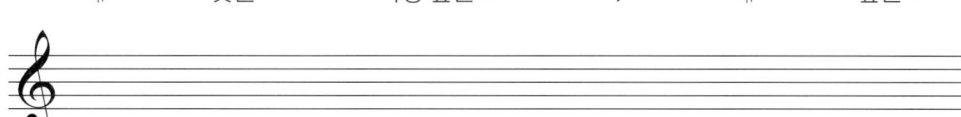

(6)

4. 주법

다음은 무슨 뜻인가요?

legato (레가토) _____

staccato (스타카토) _____

(4)

5. 기호

화살표가 가리키는 것의 이름을 쓰세요.

(5)

Total (25)

51

goals:

1. 여러가지 E♭음과 옥타브 키를 사용하는 B♭음
2. 이명동음 (딴이름 한소리)

여러가지 E♭음과 옥타브 키를 사용하는 B♭음

Tip

옥타브 거리의 두 E♭음을 비교하며 두 음의 음색이 최대한 비슷하게 들리도록 연주해보세요. 모든 음을 같은 악기로 연주하고 있다는 것이 귀로 느껴져야 합니다.

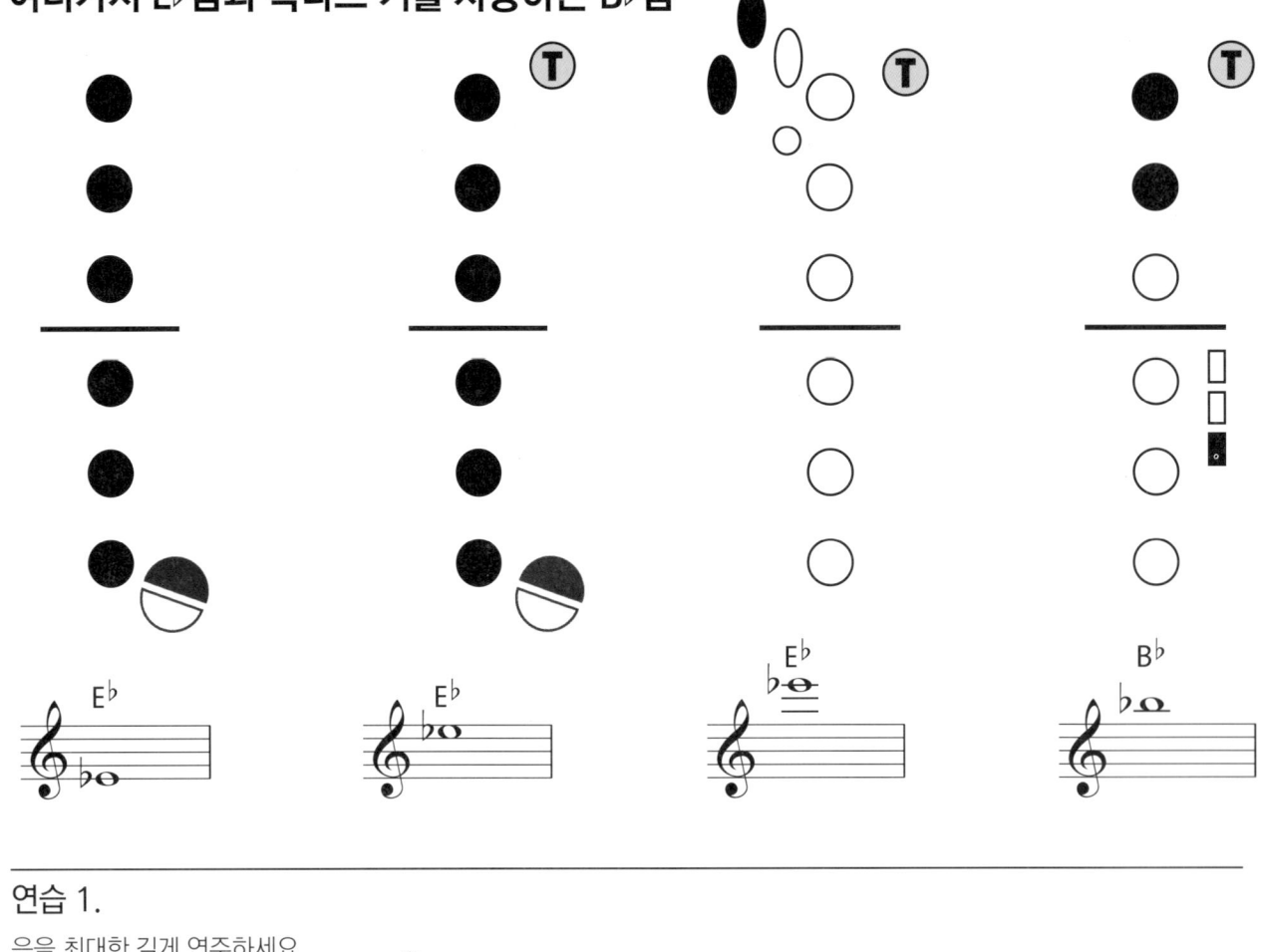

연습 1.

음을 최대한 길게 연주하세요.

이명동음 (딴이름 한소리)

앞에서 배웠듯, E♭은 E보다 반음 낮고 D보다 반음 높습니다. 그래서 E♭은 D♯음이라고도 부를 수 있습니다. 이렇게 이름은 다르지만 사실은 같은 두 음을 이명동음이라고 합니다.

연습 2.

같은 음이 위의 선율에서는 D♯음으로, 아래 선율에서는 E♭음으로 나와 있습니다. 잘 보고 연주해보세요.

연습 3.
앞에서 운지법을 이미 배운 음들입니다. 이명동음을 옆에 적고 연주해보세요.

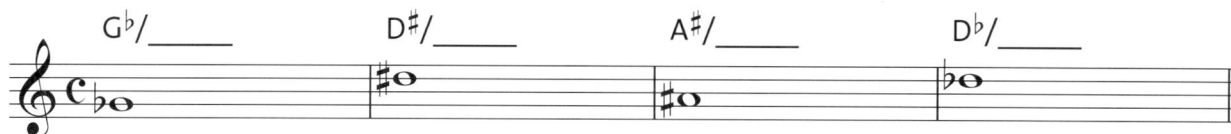

레슨 16을 위한 연주곡

The Entertainer (엔터테이너)

Joplin

Enharmonic Blues (이명동음 블루스)

86-87

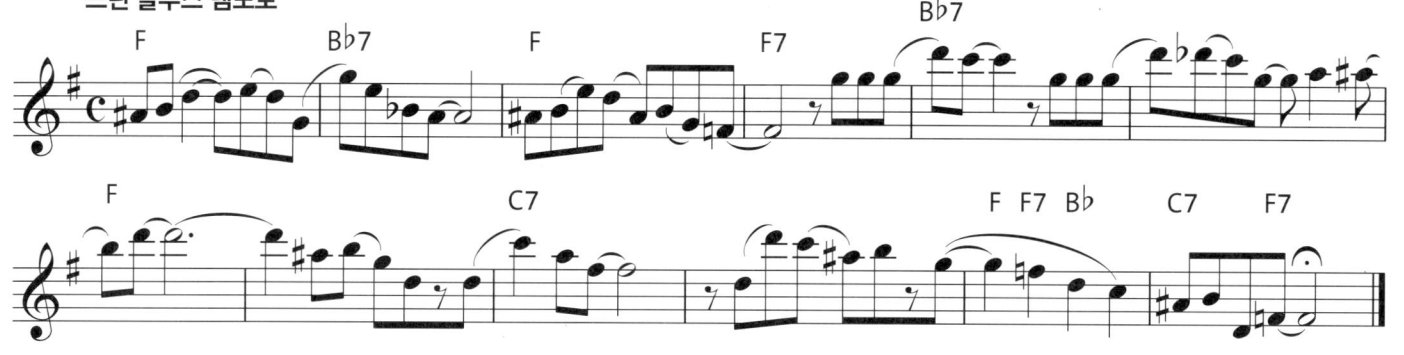

Lesson 17 goals:

1. 크레센도와 디미누엔도 (◁ , ▷)
2. 빠르기말

Tip

셈여림표와 빠르기말을 알면 음악을 연주할 때 어떻게 표현해야 하는지 힌트를 얻을 수 있습니다.

앞서 연주했던 곡들에서는 셈여림이 갑작스럽게 바뀌었습니다 (*p* 에서 갑자기 *f* 로). 하지만 *p* 에서 *f* 로 서서히 변하는 셈여림도 있습니다. 이런 셈여림은 또 다른 효과를 줍니다.

Crescendo (크레센도) – 점점 세게   Diminuendo (디미누엔도) – 점점 여리게

다음은 자주 사용되는 빠르기말입니다.

Allegro (알레그로) – 빠르게   Andante (안단테) – 걷는 속도로

Adagio (아다지오) – 느리게   Rallentando 또는 rall. (랄렌탄도) – 점점 느리게

Accelerando 또는 accel. (아첼레란도) – 점점 빠르게

레슨 17을 위한 연주곡

88

La Forza del Destino (운명의 힘)   Verdi

레슨 17을 위한 연주곡

Hail The Conquering Hero (보아라, 용사!) 《개선의 합창》에서

Handel

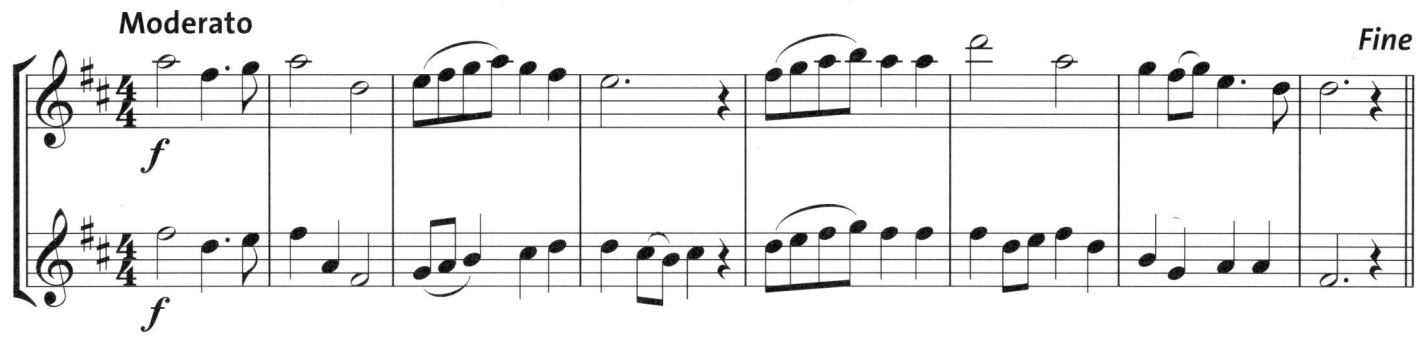

William Tell Overture (윌리엄 텔 서곡)

Rossini

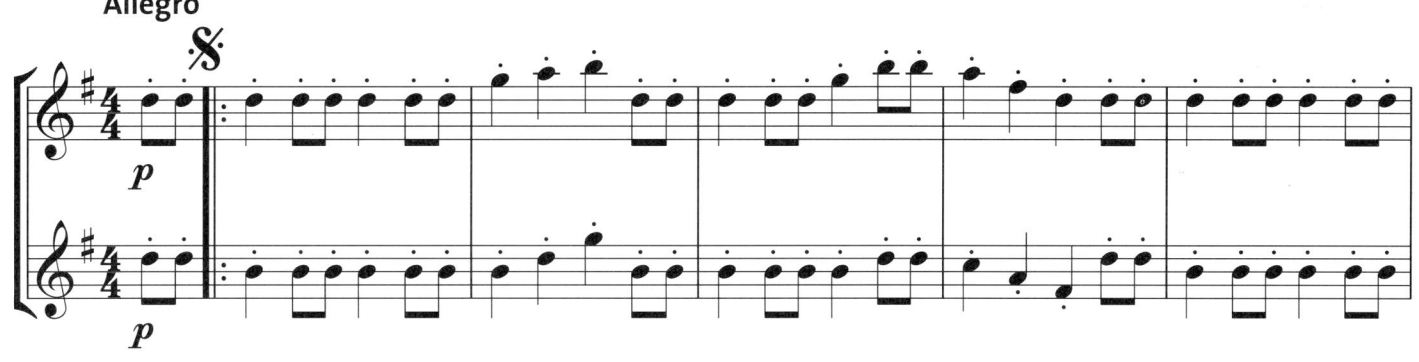

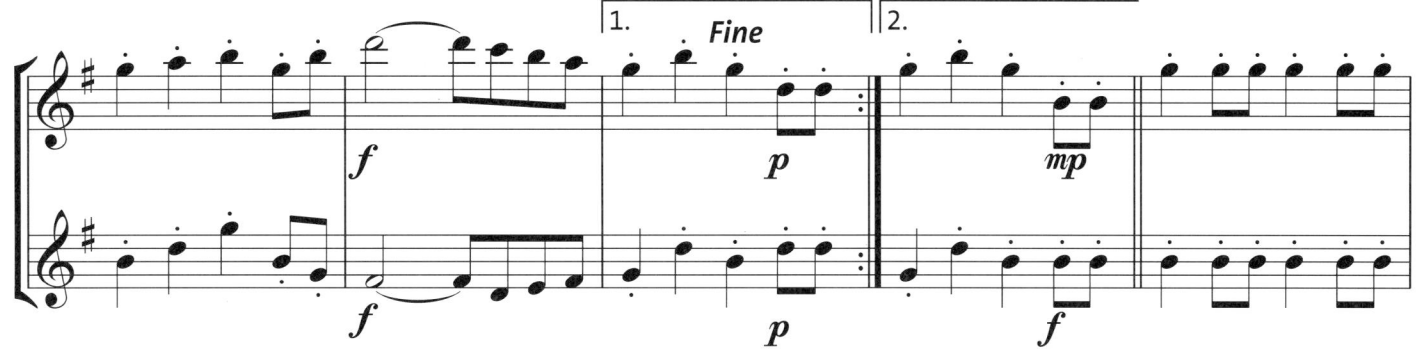

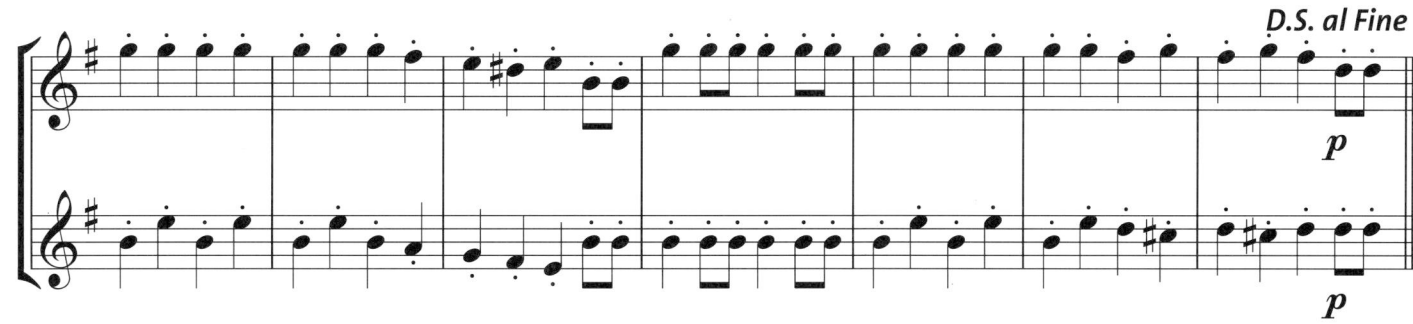

Lesson 18 goals:

1. 스윙 8분음표
2. 재즈 곡 연주하기

Tip

탄력 있게 반동을 주어 연주하세요. 한 박을 셋으로 나누어 2/3는 앞의 8분음표로, 나머지 1/3 은 두 번째 8분음표로 연주한다고 생각하면 쉽습니다.

스윙 (Swing)

클래식 음악에서는 8분음표를 악보 그대로 4분음표의 절반 길이로 연주합니다.
그러나 재즈에서는 두 개의 8분음표를 불균등하게, 첫 음을 두 번째 음보다 더 길게 연주합니다.
이렇게 연주하는 것을 스윙 리듬이라고 합니다.

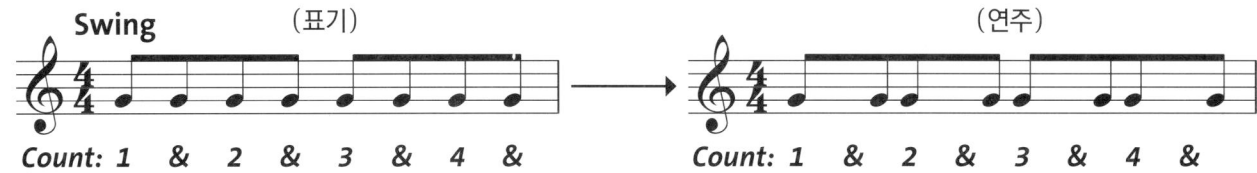

연습 1.

E단조 음계를 스윙 리듬으로 연주해보세요. 한 번은 텅잉을 하면서, 다음에는 악보에 적힌 슬러를 살려 연주해보세요.

레슨 18을 위한 연주곡

91-92

Little Brown Jug (작은 갈색 병)

93-94

Joshua Jazz (조슈아 재즈)

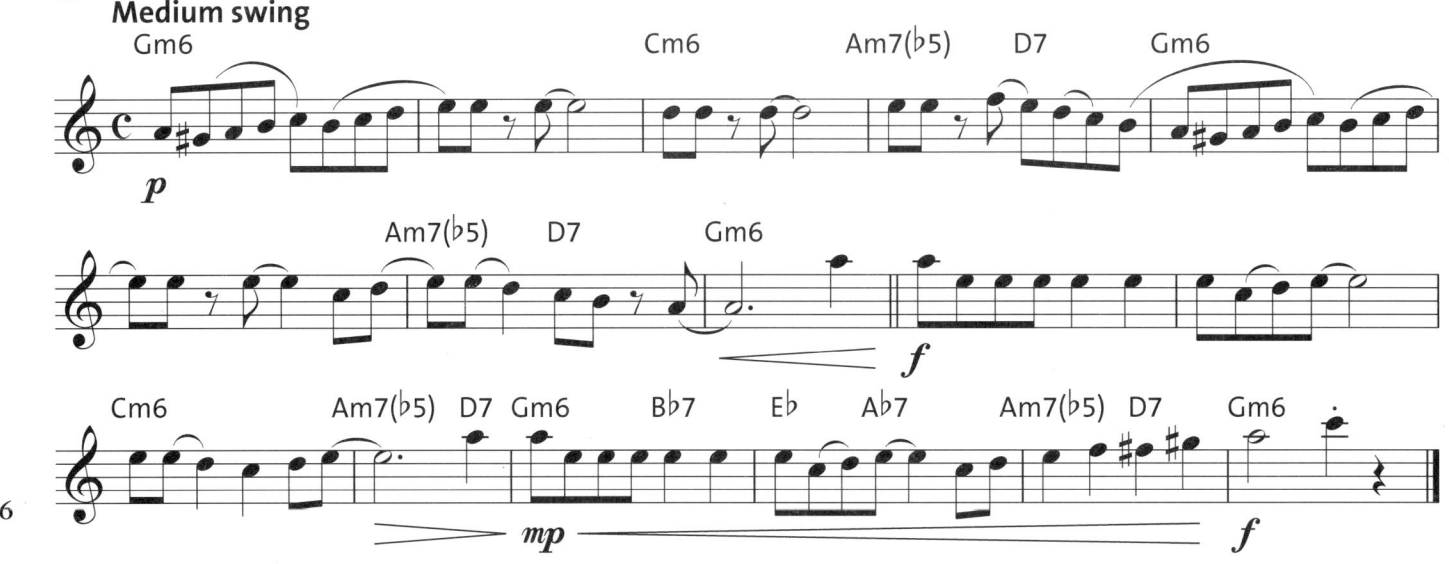

레슨 18을 위한 연주곡

Maryland, My Maryland (메릴랜드, 나의 메릴랜드)

95

보통빠르기로 스윙

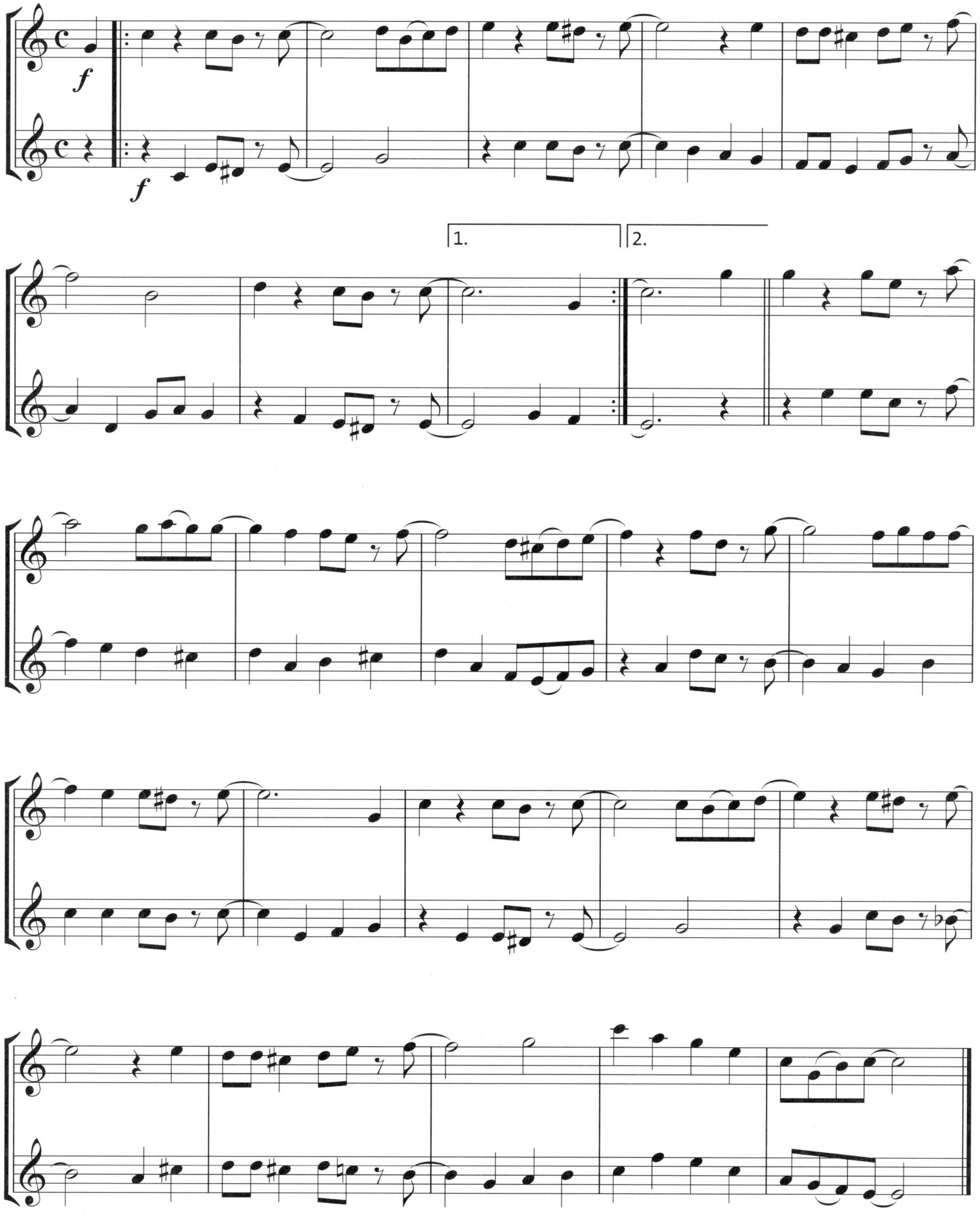

Lesson 19

goals:

1. 음계 연습을 통한 테크닉 강화
2. 합주

* 음계 연습

음계를 매일 연습하면

- 다양한 조에서 자유자재로 손가락을 사용할 수 있는 훈련이 됩니다.
- 모든 음을 일정한 길이로 연주할 수 있게 됩니다.
- 음역에 관계없이 고른 소리로 연주할 수 있게 됩니다.
- 호흡을 잘 조절할 수 있게 됩니다.
- 여러 음의 관계를 더 잘 느낄 수 있게 됩니다.

다음은 초보자를 위한 음계와 아르페지오입니다. 텅잉을 하면서 연습하고 슬러로도 연습하세요.

F장조

G장조

D장조 (2옥타브)

D단조

A단조

*《어드벤쳐 시리즈》 스케일 & 아르페지오 교재를 함께 연습해도 좋습니다.

레슨 19를 위한 연주곡

Gypsy Rover (방랑하는 집시)

레슨 19를 위한 연주곡

Down By The Riverside (강가에 앉아)

활기차게 스윙

goals:

1. $\frac{6}{8}$박자 (겹박자 또는 복합박자)
2. $\frac{6}{8}$박자 노래들

홑박자와 겹박자

$\frac{2}{4}$, $\frac{3}{4}$, $\frac{4}{4}$ 박자는 홑박자입니다.

위의 숫자는 한 마디에 들어가는 박의 수를 알려주고, 아래의 숫자는 4분음표 하나가 1박이라는 것을 보여줍니다.

이것은 1박을 2개의 8분음표로 나눌 수 있다는 뜻이기도 합니다.

연습 1. 홑박자 세기

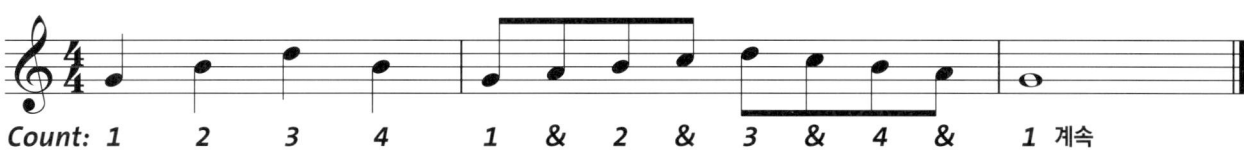

Count: 1   2   3   4   1 & 2 & 3 & 4 &   1 계속

그러나 겹박자에서는 1박이 3개의 8분음표와 같습니다. 점4분음표가 1박이라는 뜻입니다.

연습 2. 겹박자 세기

Count: 1 & a 2 & a   1 & a 2 & a   1   2

연습 3.

잘 알려진 $\frac{6}{8}$박자 곡입니다. 한 마디를 크게 2박으로 나누어 세며 연습해보세요.

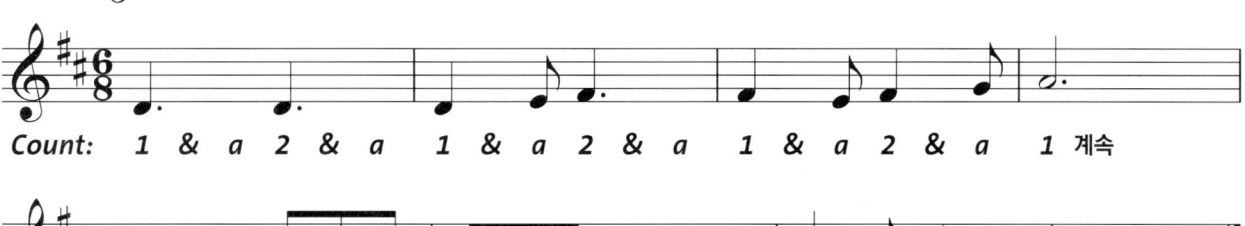

Count: 1 & a 2 & a   1 & a 2 & a   1 & a 2 & a   1 계속

Tip

$\frac{6}{8}$박자 곡 중에는 활기찬 곡이 많습니다.
영화「오즈의 마법사」에 나오는《We're Off To See The Wizard》역시 $\frac{6}{8}$박자입니다.
8분음표 6개를 하나하나 세는 것보다는 셋씩, 두 묶음으로 세는 것이 훨씬 쉽습니다.

박자 맞추기!

일정한 박을 유지하세요.

* 메트로놈을 사용하면 도움이 됩니다.

발을 구르며 박자를 세는 사람들도 있지만,
이렇게 박자를 맞출수 있을 때까지는 많은 연습이 필요합니다.

* 메트로놈: 일정한 속도로 박을 맞추는 기계

레슨 20을 위한 연주곡

The Animals Went In Two By Two (조니가 행진하며 집으로 돌아올 때)   외국 민요

For He's A Jolly Good Fellow (사랑스런 친구를 위하여)   외국 민요

test:

Lesson 16 ~ 20

1. 이명동음

이명동음을 그려보세요.

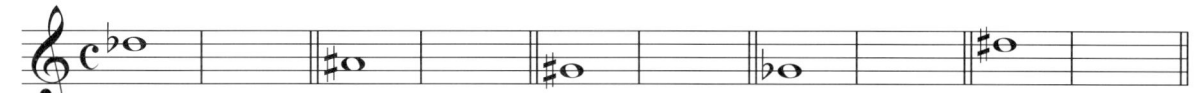

(5)

2. 옥타브

아래 선율을 한 옥타브 올려 그려보세요.

(6)

3. 호흡 조절

호흡을 조절하고 안정적인 소리를 유지하며 아래 음을 연주해보세요.
3초가 지날 때마다 1점씩 받을 수 있습니다. 5점이 될 때까지 불어보세요.

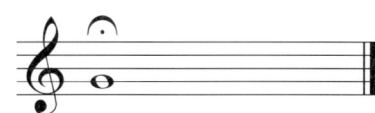

(5)

4. 음악용어

다음 뜻에 해당하는 이탈리아어를 적어보세요.

• 점점 세게 _____   • 점점 여리게 _____

• 점점 빠르게 _____   • 점점 느리게 _____

(4)

5. 음계 테스트

악보를 보지 않고 아래 음계를 연주해보세요.

D단조 음계

D장조 아르페지오

F장조 음계

G장조 아르페지오

A단조 음계

(5)

Total (25)

CD track

부록 CD

트랙 1은 튜닝 트랙이고,
A음 (테너 색소폰의 B음)을 들려줍니다.
트랙 2는 테너 색소폰 연주의 예를
들려줍니다. 트랙 3부터는 책에 배치된
순서대로 곡이 수록되어 있습니다.

그림 위에 적힌 숫자가 트랙 번호입니다.

발행인 이병직
발행처 도서출판 뮤직트리

초판 1쇄 발행 2011년 6월 30일

출판신고 2003년 7월 11일 제 406 – 2003 – 00006호   121 – 840 서울시 마포구 서교동 395 – 179 미르B/D 3F TEL.02)325 – 2592 FAX.02)334 – 4704

번　역 윤인영
감　수 원무연
편　집 강효정 · 박수연 · 윤인영 · 김지니
디자인 책임 이현정
디자인 진행 페이지 엠 (www.page–m.com)

ISBN 978 – 89 – 6296 – 168 – 3
　　　 978 – 89 – 6296 – 148 – 5 (set)

정가 10,000원

www.adventure.co.kr

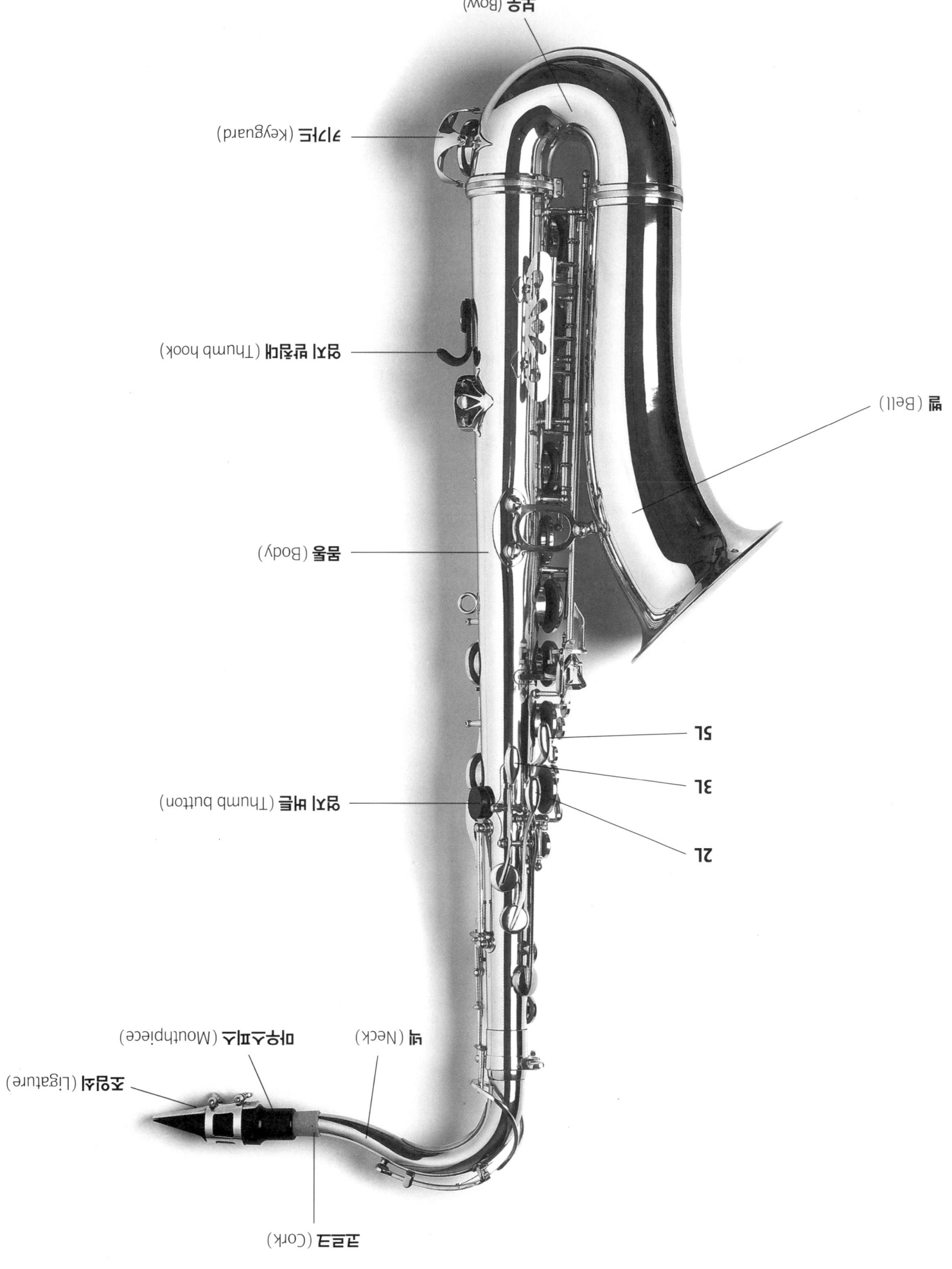

벨우 (Bow)

키가드 (Keyguard)

엄지 받침대 (Thumb hook)

벨 (Bell)

몸통 (Body)

2L

3L

엄지 버튼 (Thumb button)

2L

마우스피스 (Mouthpiece)

넥 (Neck)

조임쇠 (Ligature)

코르크 (Cork)

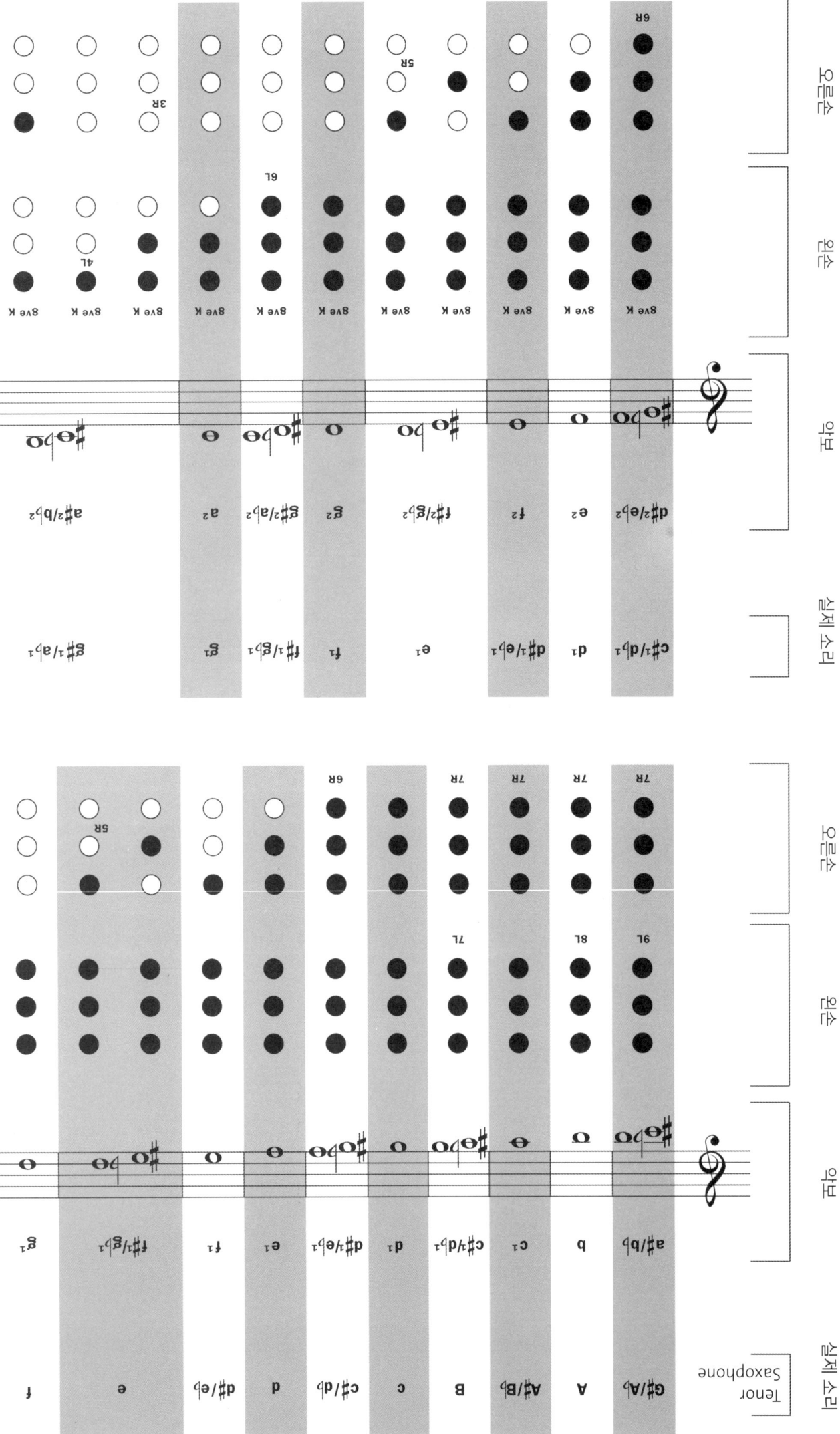

7R

6R

5R

3R

2R

1R

16

7L

18

19

4L

1L

Fingering Chart 운지

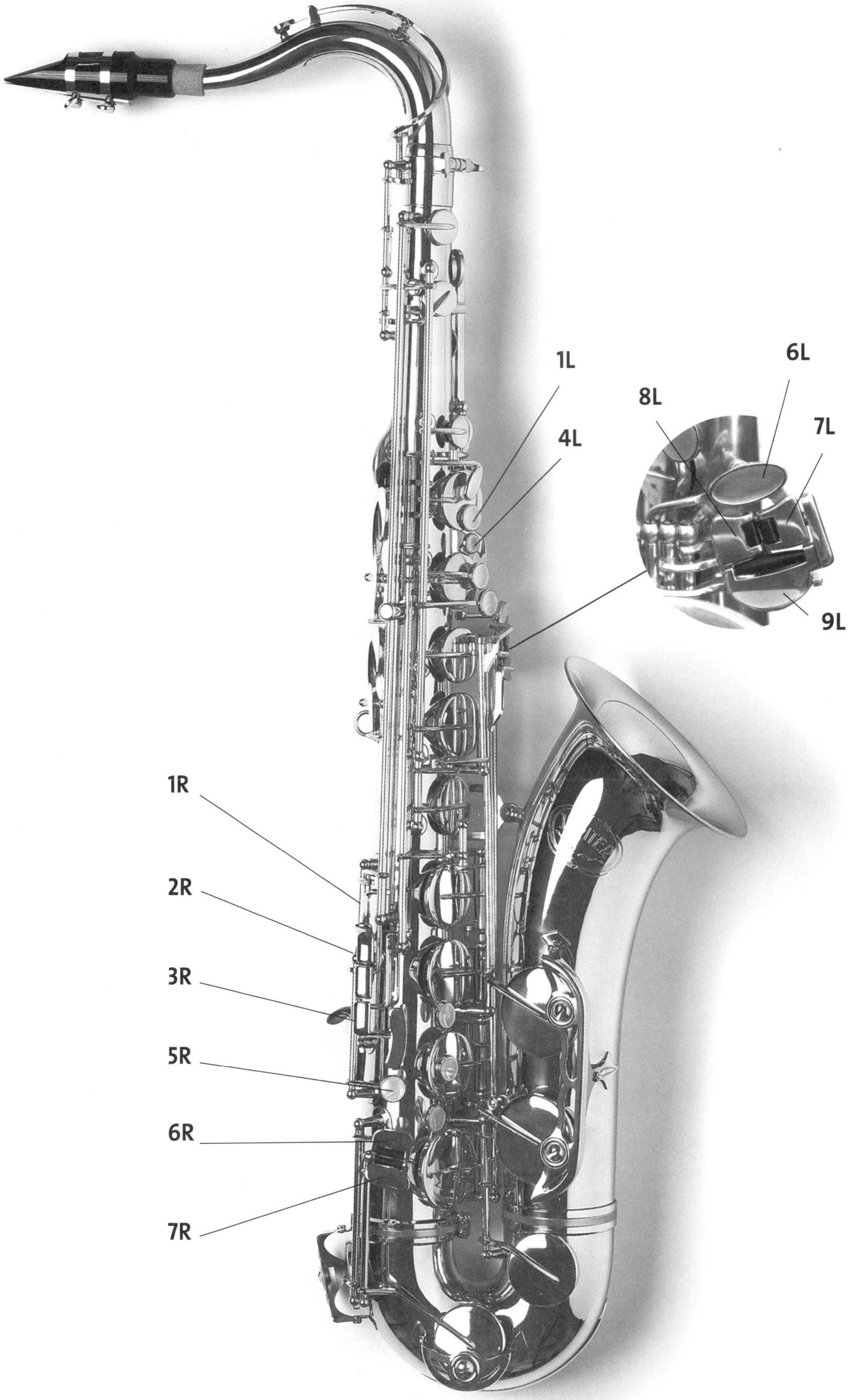

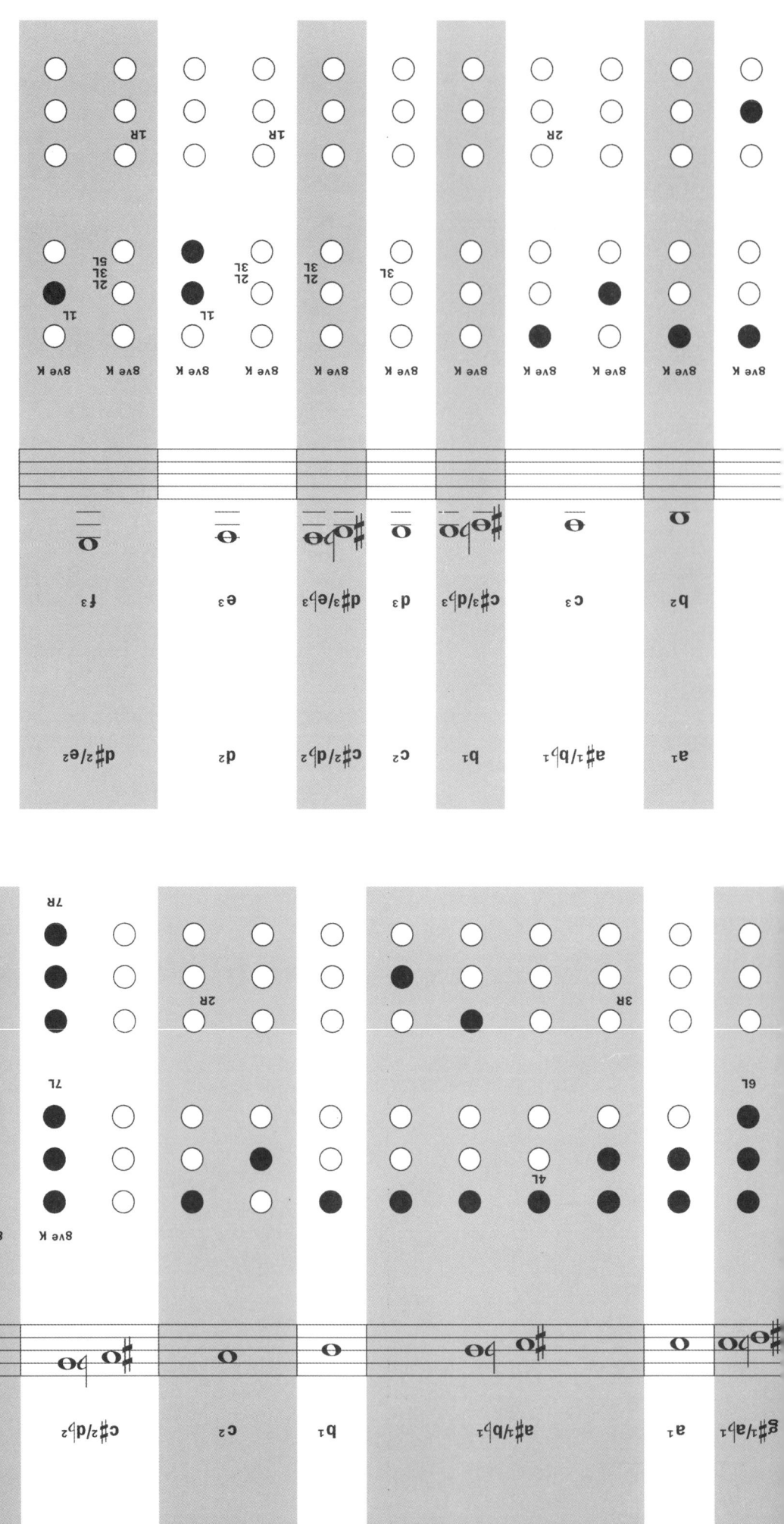